# Weihnachtsfieber

Lektorat: Dr. Werner Seibel
Umschlaggestaltung: Leena Plachetka
Illustrationen: Bruna Häcker
Druck: Schaltungsdienst Lange oHG, Berlin
ISBN 978-3-945441-38-1

# Weihnachtsfieber

Weihnachtsgeschichten
und
-gedichte

EPLA-Verlag

## Inhalt

by@hb

## Die Langsamkeit und ich

Werner Seibel

Ob an den Weihnachtstagen meine Lebensfreude steigt, vermag ich nicht zu sagen. Eine Stimmung meines Vertrauens, Signale in die Welt setzen, ich weiß nicht, es ist vielleicht die innere Notwendigkeit, das Fest der Liebe sehr besinnlich zu begehen. Ich kann die Teilnahme an der Begeisterung nicht teilen. Wer ist diese unsere Zeit? Können Gesichter versteinert sein? Sind es die Gedichte, die man aufsagt und miteinander vergleicht? Ist es die Kunst, eine Fassade zu bewahren und doch die Trauer um Verlorenes nicht zeigen zu müssen? Ich weiß nicht einmal, ob ich gläubig bin. In meinem einundsiebzigsten Lebensjahr werde ich keinesfalls mit einem Gläschen Sekt anstoßen, aber ich erhoffe mir, dass die verstreuten Teile meiner Familie sich wiederfinden. Wir werden in ein nettes Restaurant gehen und zusammen essen.

Ach ja, da geht es also entlang, sage ich zu mir, und setze mich auf eine Bank, um den Vogeleltern zuzusehen, wie sie ihre Nachkommen in das herbstliche Intermezzo einführen. Die Wege sind gepflastert mit Plakaten aller sich zur Wahl stellenden Parteien. Ein Mann mittleren Alters setzt sich neben mich. „Ich bin Mitglied der Sozialdemokratischen Partei Deutschlands und fühle mich dennoch alleingelassen“, bemerkt er. „Man redet über die Kommunisten, die das besser könnten oder die Christlichen Demokraten, wie auch immer. Ich bin seit dreiunddreißig Jahren aktiv, verteile Flugblätter und gehe auch mal auf die Straße, um Passanten anzusprechen.“

„Macht Ihnen das nichts aus?“, frage ich ihn.

„Warum sollte es,“ meint er und redet von der Mehrheit der Menschen, die etwas verpasst hätten im Leben. Eigentlich sei er ein Wahrheitsliebender, fühle sich aber abgeschnitten von der Realität.

Ich will ohne Umschweife das Thema wechseln. Will nicht über Politik sprechen. Eine fremde Frau hatte ich neulich beobachtet, ein Mädchen an der Hand. Ärmlich gekleidet, bewusst ganz rechts gehend, am Rand der schmalen Straße, den Kopf ab und zu hebend, mit Blick dann wieder nach unten. Das Mädchen mit großen dunklen Augen, das Kleidchen, viel zu lang.

Das neue Lokal in der Innenstadt nennt sich Restorante. Auf die Frage: „Wie gehen die Geschäfte?“ antwortet der Besitzer mit einem süffisanten Lächeln: „Gut, gut.“ Ich versuche meinen Banknachbarn auf das neue Thema hinzulenken, ohne Umschweife, auch zu vermeiden, dass das Gespräch auf Weihnachten übergeht. Es wäre mir nicht unangenehm, aber meine Stimmung hätte es voraussichtlich nicht zugelassen.
„Ich muss auch irgendwo hin“, sagte ich.
„Haben Sie was vor?“ fragt er.
„Nichts, was wichtig wäre.“
„Ein Maskenball ist wichtig“, bemerkt er. „Da kann man die Augen nicht sehen, nicht einmal die Freunde würden mich erkennen. Einer meiner Freunde hat ein Geschäft aufgemacht, ist das ganze Jahr damit beschäftigt, zu streichen, Fußboden zu verlegen, Regale aufzustellen. Er meint, er könne dann erfolgreicher sein. Lust habe er, einmal eine Ausstellung zu machen, nicht von *seinen* Bildern. Er habe aber etwas von einem Karikaturisten. Außerdem könne er leidlich fotografieren. Am liebsten aber wäre für ihn das Flötenspiel. Eine seiner früheren Lieben hätte ihm dazu geraten. Spiel Flöte, hatte sie gemeint, dann kannst du auf den Dächern deiner Heimatstadt die Sterne besser sehen. Die war ganz schön verrückt,“ meint er und zieht an einer zerkrümelten Zigarette.
Ich fühle mich mit einmal müde. Es kommt vor, dass ich morgens manchmal nicht aufstehen will. Aber schließlich suche ich ein Bistro auf und erzähle jemandem an der Bar, warum ich schlecht drauf sei. Das sei in letzter Zeit häufig der Fall und jetzt an Weihnachten sei das besonders schlimm.
„Man ist mehr, als man ist, sagt mein Banknachbar. Und fährt fort: „Nicht dass Sie mich falsch verstehen, ich meine, man ist, also man ist von seiner Persönlichkeit her eigentlich ein

würdevoller Mensch. Ich rede nicht oft darüber. Aber die Würde, was ist sie? Hier, mit Ihnen, da kann ich darüber sprechen, aber sonst. Wissen Sie, Sie gehen manchmal ins Bistro, ich suche ein *anderes* Weihnachten, eines, das mir mein Leben zurück gibt. Es geht mir alles zu schnell und kaufen will ich schon gar nichts mehr."
Ich blicke ihn an. Seitwärts, fast ein bisschen über ich hinweg. Es ist fast Abend und die Seiten meines Notizbuches sind noch leer. Ich habe eine Schreibblockade. Schon seit einigen Tagen. Ich arbeite nicht, ich schlafe nicht, ich treibe mich an unmöglichsten Orten auf, die ich sofort wieder vergesse. Ich bin im Vergessen unermüdlich.

Die Nacht würde wieder feige verschwinden und ich würde ruhigen Schrittes durch die Straßen laufen. Der ganze vertraute Kreis meiner Familie ist in alle Himmelsrichtungen zerstoben. Sie alle verschwinden schweigend in einem erstarrten Kreis von schnellen Entscheidungen. Das schnelle Leben löst sich auf, eilt davon, wird Materie, Oberflächliches, Substanzverlust, Gedankenarmut, Einsamkeit. Und ich, ich laufe hinterher und gehe grußlos an den Leuten vorbei, denn sie kennen mich nicht. Plötzlich bleibe ich stehen, entsetzt, weil ich mir nicht einmal ihre Gesichter merken kann. Meine Langsamkeit ist eine Niederlage, weil mir Vieles entgeht. Aber dann habe ich sie an die Leine genommen, die Langsamkeit, habe geschrien: Bleib stehen, habe gesagt, ich bin neutral, habe fast unhörbar geflüstert: du hast nichts zu befürchten, Langsamkeit, gönn mir meine heilige Rast. Sag meinen Freunden, dass sie auf mich warten sollen. Sei langsam, entsichere die Träume, verhindere die Terroranschläge, und – entsichere auch die Maschinengewehre, die den Kindern viel zu groß sind und ihre Köpfe verdeckt. Schrei mir ins Gesicht, dass ich die Bäume neu pflanzen soll an der Promenade, sag mir, dass das Meer, dass der Ozean keine Tränen mehr vergießen soll, versprich mir, dass niemand mehr im Wasser ertrinkt, weil die Flut stärker ist als jedes Gebet. Du, Langsamkeit, lach mich nicht aus, versöhne die Truppen und Soldaten und gib uns einen Mitgliedsausweis mit dem Vermerk: Frieden, Freiheit, Freude.

Ich habe keinen Banknachbarn mehr. Er ist ohne mein Wissen aufgestanden und davongegangen. Ich will das Bistro aufsuchen. Einige bunte Kugeln hängen am Tresen, seitwärts, mit abgeblätterter Farbe. Ich würde mein Glas heben und irgendwann gehen. Sollte mich jemand nach den „Jahrestagen" von Uwe Johnson fragen, ich würde ihm schöne Grüße bestellen und ihn vielleicht einladen oder gar nichts tun, nur dasitzen und denken, was wohl die Kinder jetzt machen und ob ich nach Hause gehen kann, wo meine Frau auf mich wartet.
In einer meiner Schubladen am Schreibtisch liegt das Manuskript eines Vortrages. Außerdem eine handgeschriebene Notiz, nach Leipzig zu fahren und die Nikolaikirche zu besichtigen und noch Jahrzehnte lang, wie ich hoffe, von meinem Leben zu erzählen, mit ein bisschen Ausdauer und Weisheit. Mit Sehnsucht? Ich weiß nicht, ob die roten Kerzen in der Halterung länger brennen als die weißen. Ich weiß nicht, ob man Zeit verschwenden muss, um zu sich zu kommen. Ich weiß nicht, ob ich meine Kräfte überschätze, jemals in das Weltall reisen kann oder in Ostende über den Kanal fahre. Ich weiß nicht, ob ich andere Themen in meinem Kopf habe, eine Erzählung daraus mache oder einfach nur zu meiner Frau sage: Ich liebe dich. Dazwischen wird Vieles passieren und wenn ich im Bistro auf eine Serviette ein paar Sätze schreibe, die ich dir dann vorlesen könnte, dann würde es mir gefallen, denn diese Tage sind endlich, nicht unendlich. Eine geweihte Nacht, Weihnachten, eine Nacht, die sich wiederholt, Nächte, die wiederkommen, freundlich, ungebeten, einfach so. Die längste Zeit habe ich gelebt, nein, es *ist noch Zeit,* ich spiele gern Klavier. Wenn ich die Tasten drücke, schade ich mir nicht. Ich möchte von vornherein klarstellen, dass ich *hier* bin und es ist Weihnachten und dann, wenn ich noch einmal über die Langsamkeit nachdenke, muss ich lächeln, ganz von allein.

**Abschied vom Herbst**
Anita Angheloiu

Goldenes Gesicht der Erde
übertönt von dichtem grauen Nebel.
Ein einsames Blatt an einem Baum
vom Wind verweht,
hineingefallen in den See.
Zugefroren.
Sein farbiger Glanz verblasst.
Nicht beachtet.
Vergangenes Leben
für den Moment vergessen.
Den Neubeginn erwarten.

**Dezemberfreude**
(Elfchen)
Gerda Steger

unterwegs
meine Herzaugen
der Blick blüht
im Festakt der Friedenslichter
liebumschlungen

## Fremde in der Großstadt

Gabriele Bergschneider

Schwer bepackt macht sich Greta mit ihren Einkaufstaschen auf den Nachhauseweg. Sie nimmt die S-Bahn. Gegenüber sitzt ihr eine junge Mutter mit ihrem Kind. Es scheinen Flüchtlinge zu sein, vielleicht aus Syrien, denkt Greta. Sie steigen an der gleichen Station aus. Greta setzt ihre Kapuze auf und geht schnellen Schrittes durch das Schneegestöber. Der Fernsehturm ist durch die dicken Flocken nicht mehr zu sehen und die Straßen sind fast zugeschneit. Der Weihnachtstrubel geht dem Ende zu. Niemand hat wirklich Zeit. Hektik breitet sich am vorletzten Tag vor Weihnachten aus. Die Menschen laufen geschäftig durch die Stadt, um noch die letzten Geschenke zu besorgen, denn morgen ist Heiliger Abend.

Greta geht noch kurz zum Bäcker, um etwas Brot einzukaufen. Dabei bewundert sie die weihnachtlichen Dekorationen der Konditoren im Schaufenster. Eine Marzipantorte mit Sternen, Weihnachtsgebäck mit bunten Streuseln und Trüffeln auf dreiteiligen Etageren, Spekulatius, nett verpackt in Zellophan mit goldenen, weihnachtlichen Schleifen. Nikoläuse aus Marzipan reihen sich daneben auf und dazwischen sitzen pausbackige Engel in roten Gewändern, und einer davon liest ein Buch. Und daneben ein Hexenhäuschen zum Knuspern – wie im Märchen „Hänsel und Gretel“.

Weihnachten ist so ein schönes Fest. Heiligabend kommt Gretas Schwester zu Besuch. Morgen ist noch viel zu erledigen und vorzubereiten für die Weihnachtstage, überlegt sie. Dabei schaut sie in das Schneegestöber hinter der Schaufensterscheibe. Dort stehen Mutter und Kind aus der S-Bahn und bestaunen die Dekorationen der Konditorei. Ihr dunkles Haar ist fast weiß vom Schnee.

Greta bezahlt ihr Brot und geht hinaus. Dabei schaut sie in die fremdländischen Gesichter. Das Kind lächelt sie an. Greta sagt „Hallo“. Die Mutter lächelt auch. Anscheinend sprechen sie kein Deutsch, denkt Greta. Sie geht nach Hause.

Heiligabend! Ihre Schwester Conny trifft ein. Sie klingelt Sturm und bringt das Schneegestöber fast mit in die warme Wohnung. Es ist noch früh am Vormittag. „Conny, ich muss noch ein paar Besorgungen machen. Magst du mitkommen?“, fragt Greta.
„Erst möchte ich mich ausruhen, nach der langen Bahnreise. Dann beginne ich für heute Abend, wie besprochen, das Essen vorzubereiten.“ Conny ist eine besondere Küchenfee.

Greta erledigt ihre Einkäufe noch in der Stadt und fährt zurück. An der S-Bahn-Station steht wieder die orientalische Frau mit ihrem Kind. Greta fragt, ob sie deutsch spricht. Englisch, sagt sie. Ok. Greta spricht mit ihr englisch. „Wo wohnen Sie hier in der Stadt?“
„Ich habe keine Wohnung. Wir wohnen in einer Sporthalle in der Nähe. Es ist laut, aber zu essen bekommen wir. Vor einigen Tagen sind wir angekommen“, erwidert sie.

Greta sagt ganz spontan: „Heute ist Heiligabend! Ich möchte Sie und ihre Tochter zum Abendessen einladen.“ Die Frau strahlt über das ganze Gesicht und erklärt es ihrem Kind. Das kleine Mädchen lacht. „Wie heißen Sie“, fragt Greta. „Sind Sie allein in Deutschland.“
„Ja, mein Mann ist auf der Flucht im Meer ertrunken.“ Sie kann kaum noch sprechen. „Ich bin mit meinem Kind allein“, sagt sie weinerlich. „Sarah heiße ich und meine Tochter heißt Malika.“ Greta stellt sich vor und sie erklärt ihr den Weg zu ihrer Wohnung. „Ich wohne gleich um die Ecke.“ Noch bevor sie nach Hause geht, kauft sie in der Bäckerei das Hexenhäuschen.

Als Sie in die Wohnung kommt, steht ihre Schwester schon in der Küche und bereitet allerlei Kleinigkeiten für den Abend vor. „Du musst noch mehr vorbereiten, wir bekommen heute Besuch“, und Greta erzählt ihr ihre Geschichte.

Gegen Abend klingelt es und Sarah und Malika stehen vor der Tür. Ein Geschenk konnten Sie nicht kaufen, aber die Freude in ihren Gesichtern ist mehr als ein Geschenk.

**Dezenbermorgen**
Betti Fichtl

Tiefdunkler Morgen
Im Reigen
Der Schneeflocken.

Sie ballen sich
An den Fenstern
Auf den frostigen Zweigen
Der Straßenbäume.

Beschleiern
Den Asphalt
Im aufgegangenen Licht
Der Schaufenster
Mit den ersten Engeln
Und Sternen.

Eröffnen
Die Weihnachtszeit
Im Klang
Der Stille.

## Die Schuhe

Udo Dickenberger

Am zweiten Adventssonntag spazierte ich in meiner Heimatgemeinde bei moderatem Frost am späten Vormittag los, um in der nordwestlich gelegenen Nachbargemeinde die Weihnachtsfeier des dortigen Geselligkeitsvereins zu besuchen. Statt die ausgeschilderten Rad- und Wanderwege zu benutzen, betrat ich die alte, derzeit wenig befahrene Bundesstraße und erreichte auf ihr die fast fertiggestellte, allerdings noch nicht eröffnete Umgehungsstraße des Nachbarorts.
Es bereitete großes Vergnügen, auf der frisch asphaltierten Straße, die von Reif eingestäubt war, zu laufen. Ich war nicht der einzige, der in dieser Weise den klaren, sonnigen Tag genoss. Die Aussicht war vorzüglich. Die Silhouette meiner Heimatgemeinde hob sich von dem hinter ihr liegenden Laubwald, der hauptsächlich aus Buchen und Eichen besteht, ab. Ich erstellte mehrere Lichtbilder und achtete darauf, nicht gegen die Sonne zu fotografieren.
Als ich die neue Eisenbahnbrücke, deren Geländer hellblau leuchteten, gerade überquert hatte, kam eine adrette rote S-Bahn herangefahren. Der weitere Verlauf der neuen Straße war an den blauen Geländern der Brücken, die immer zuerst gebaut werden, zu erkennen. Da die umliegenden Äcker von Reif bedeckt waren, dachte ich, der Boden werde gewiss gefroren sein. Doch dieser Eindruck trog.
Als ich die neue Straße verließ, war es mit der weißen und frostigen Herrlichkeit vorbei. Auf den unbefestigten Feldwegen versanken meine Schuhe im Schlamm. Ich bemühte mich, den an den Schuhen haftenden Schmutz abzuschütteln und abzuschleifen, wurde ihn aber, unbeweglich wie ich in der Kälte war, nicht los und schleppte ihn notgedrungen mit. Es fiel mir mit jedem Schritt schwerer, die Schuhe zu bewegen. Beim Versuch, einen kleinen Abhang hochzusteigen, um wieder auf einen ordentlichen Weg zu gelangen, blieb ich zunächst im Schmutz stecken und rutschte dann ab. Eine

Spaziergängerin reichte mir die Hand und zog mich zum Weg hoch. Sie bestätigte, dass die alten, bewährten Wege, die von der neuen Straße zerschnitten werden, schwer zu finden sind. Es wurden mehrere Brücken gebaut, aber nicht jeder Feldweg hat eine Brücke bekommen.
Es war jedoch richtig gewesen, dass ich die schöne neue Straße verlassen hatte. Früher oder später musste ich mich von ihr trennen, sonst wäre ich an meinem Ziel vorbeigelaufen und in eine wildfremde Gegend gelangt. Ich hatte gewusst, dass die Böschung der Straße gegen Westen zu immer höher und immer steiler wird. Deshalb hatte ich von der neuen Straße steigen müssen. Das Ziel gelangte sicher in den Blick.
Ich sah den Turm der barocken Kirche der Nachbargemeinde vor mir. Je näher ich dem Ort kam, desto besser erschienen mir die Feldwege. An Grasbüscheln und an Sträuchern versuchte ich, die besudelten Schuhe zu reinigen, aber sie blieben trotz aller Anstrengungen schmutzig. Da komme ich jetzt in ein reinliches Dorf, murmelte ich, bin aber selber überaus dreckig. Eine Stunde zuvor war ich noch vollkommen sauber gewesen, sprach ich.
Ich fragte mich, ob die Bewohner der Nachbargemeinde mich überhaupt in ihren ordentlichen Ort hereinlassen würden. Ich zog in Erwägung, dass sie mich anhalten würden. Sie würden mich gewiss nicht verhaften, wohl aber wahrscheinlich eine Weile festhalten und befragen, sagte ich. Mir war vollkommen bewusst, dass ich für alle Missgeschicke, die sich einstellen mochten, selber verantwortlich sein würde.
Aber die Spaziergängerin hat mir weitergeholfen, dachte ich. Sie werden mich nicht gerade heute, am zweiten Advent, festsetzen. Wie ungesellig wäre dies. Außerdem gelange ich jetzt in ein eminent katholisches Gemeinwesen, überlegte ich. Da ist das Verbindende wichtig, das Gemeinsame zählt, das Übergeordnete steht hoch im Kurs. Da kann die Kameradschaft nicht an einem paar schmutzigen Schuhen zugrunde gehen, da wird das Menschliche gelten und in Ansehen stehen. Es kann ja doch nicht anders sein, sagte ich mir. Im Foyer vor

dem Kulturraum zog ich die belastenden Schuhe dann endlich aus. Ich stellte die verräterischen Kleidungsstücke in eine unauffällige Ecke und ging in meinen Socken zu der Weihnachtskundgebung des Geselligkeitsvereins. Niemand nahm daran Anstoß. Dieser Bürgermeister hat ja gerade erst im vergangenen Jahr geheiratet, überlegte ich.
Ich habe den Bürgermeister, der zuvor im Bauamt tätig war und ehrenamtlich als Gemeindebrandinspektor fungierte, ja wiederholt getroffen, während er selber schmutzige Schuhe trug. Ich habe ihn ja sieben oder acht Mal bei Landschaftsreinigungsveranstaltungen am Bahndamm, am Bach und an den Fischteichen gesehen. Er weiß ja genau, wie es ist, wenn die Schuhe schmutzig sind, dachte ich.
Der Bürgermeister hat selber schon oft genug befürchten müssen, das Publikum könne auf seine dreckigen Halbstiefel aufmerksam werden. Für ihn wäre ein Eklat ja noch weit unerfreulicher als für mich. Er wird meine Schuhe in ihrem unauffälligen Winkel nicht bemerken. Und wenn doch, dann wird er sie mit vollkommener Gleichgültigkeit betrachten. Es kommt alleine auf die Spuren an, überlegte ich.
Solange der Bürgermeister und der Vorsitzende des Geselligkeitsvereins die Schmutzspuren, die ich auf den Straßen ihres sauberen Orts hinterlassen habe, nicht sehen, ist alles gut, folgerte ich. Dieser Bürgermeister hat einen ausgeglichenen Haushalt, da wird er gewiss nicht auf fremde Dreckspuren achten, beruhigte ich mich. Und der einfach konstruierte Geselligkeitsvereinsvorsitzende ist mit seiner Moderation bereits genug beschäftigt, erwog ich.
Tatsächlich ging alles gut. Draußen trieft jetzt der Schlamm aus den Profilen der Sohlen der beiden Schnürschuhe und blubbert, da möchte ich nicht dabei sein, sann ich, ich falle jedoch einstweilen selber nicht unangenehm auf. Da ich eine Viertelstunde zu spät gekommen war, hatten die Tischnachbarn ihre Suppe bereits vollständig und bis zum letzten Rest aufgegessen. Sie langweilten sich jetzt.
Sie beobachteten genau, wie ich die vier Markklößchen in

meinem Teller eins nach dem anderen zu zerteilen versuchte. Sie rieten mir nach dreieinhalb Minuten, die Klößchen zu zerdrücken. Doch dagegen hatte ich schon immer Abneigung empfunden. Trotzdem nickte ich den Nachbarn zu, um damit verbindlich und ein für alle Mal zu zeigen, dass ich für ihren Hinweis dankbar war und ihn zu schätzen wusste. Das war ja gelogen.
Trotzdem hörten sie endlich damit auf, jede meiner Bewegungen und alle meine Verrichtungen mit ihren fast zudringlichen Blicken zu verfolgen. Es war auch an der Zeit. Mir war bewusst, dass sie es gut meinten, aber wenn mich beim Essen mehrere Personen beobachten, dann werde ich nervös. Vor einigen Jahren war mir bei der Mahlzeit nach dem Blutspenden beinahe schlecht geworden, weil mich mehrere Leute beim Verzehren der Spaghetti-Nudeln nicht aus den Augen ließen.
Dann hatte ich genug, es reichte mir, ich stand damals abrupt auf, ließ die Nudeln im Stich und ging. Heute schimmerten meine Socken, die ich vor drei Wochen in einem praktischen Zwölferpack erworben hatte und an diesem zweiten Advent zum ersten Mal trug, in festlichem Schwarz in den Kulturraum hinein. Diese Socken erregten keinerlei Anstoß. Auch war jetzt die Suppe verzehrt, da konnte der Weihnachtsmann, wenn er denn in dieser Veranstaltung vorgesehen war, gerne kommen.
Einer der Tischnachbarn hatte den längst verstorbenen Flurschütz meiner Heimatgemeinde zum Großonkel gehabt. Mit dem ebenfalls seit langer Zeit verstorbenen Enkel des Onkels, also dem Cousin zweiten Grades meines Tischnachbarn, war ich früher zur Schule gefahren. Das hatten wir schnell geklärt. Es ist ja in der Region, in der wir leben, bekannt und beinahe sprichwörtlich, dass die Ureinwohner der Gemeinde, in deren Kulturraum ich jetzt saß und aß, an Nachnamen arm sind.
Sie kamen über Jahrhunderte hin mit nur drei oder vier Nachnamen vollkommen aus. Fast alle hießen hier wie der Flurschütz und mein Tischnachbar. Dies erklärt vieles. Nur

wenigen hatte sich ein Ausweg eröffnet. Nur den Aufgeräumten war die Flucht gelungen. Und die starben dann früh. Nach 23 Minuten hatten wir das Rindfleisch mit den Kohlräbchen und dem Rosenkohl, dem Kartoffelpüree und der Knoblauchsauce verzehrt.

Nun brachte der Geselligkeitsverein Mandarinen, Clementinen, Gewürzdominosteine, Lebkuchen und Spekulatiusstücke auf die Tische. Ich hatte das Feld eingeholt, jetzt speisten wir alle gleichzeitig. Wenn ich mich nicht ganz dumm anstellte, dann war mittlerweile das Schlimmste überstanden und es konnte mir nichts mehr passieren. Ein Mitarbeiter der Sparkasse hustete, verteilte hilfreiches Werbematerial und erläuterte es.

Der Bürgermeister dankte dem Geselligkeitsverein für dessen Leistungen. Der Vorsitzende blickte auf das zurückliegende Jahr zurück. Er hob hervor, er bezahle die Erkundungsfahrten im Vorfeld der Tagesausflüge des Vereins grundsätzlich aus seiner eigenen Kasse. Das kenne er nicht anders, sagte der Vorsitzende. Das sei überhaupt keine Frage für ihn. Sein Amtsvorgänger möge es anders gehalten haben. Er aber setze sich unbedingt für absolute Klarheit und Durchsichtigkeit in jeder Hinsicht ein.

Dies überzeugte uns. Dem stimmten wir alle sofort freudig zu. Was müssen hier früher für Zustände geherrscht haben, überlegten wir uns. Als ich den Vorsitzenden, den Sparkassenmitarbeiter, der seine gesamte Familie großmütig zum Rosenkohlessen mitgebracht hatte, und den Bürgermeister vor dem Weihnachtsbaum fotografiert hatte, beschloss ich zu gehen. Denn ich wollte am Abend ein adventliches Konzert besuchen.

Ich verzichtete daher auf den Auftritt des Weihnachtsmanns, der gleich nach dem Kaffeetrinken kommen sollte. Ich sagte der ganzen großen Festrunde beschwingt Adieu und bekam vom Vorsitzenden einen kleinen Christstollen, den der Weihnachtsmann vermutlich aus seiner eigenen Tasche finanziert und bereits im Vorfeld aus Gründen der Durchsichtigkeit und

Klarheit abgeliefert hatte, überreicht.
Auf allen vier oder fünf Fotos, die ich aufgenommen hatte, waren die beiden Augen des Geselligkeitsvereinsvorsitzenden geschlossen, aber das wussten wir zu diesem Zeitpunkt noch nicht. Neben dem Weihnachtsbaum sagte der Vorsitzende, die Weihnachtsfeier habe diesmal im Kulturraum stattgefunden, weil nur hier im Kulturraum ein Weihnachtsbaum aufgestellt werden könne.
Im Nebenraum der Gastwirtschaft sei es nicht möglich, einen Weihnachtsbaum aufzustellen. Der Eigensinn der übermächtigen Pächterin verhindere dies. Ein Weihnachtsbaum gehöre aber unbedingt zu einer Weihnachtsfeier und zur Weihnachtszeit. Ich gab dem Vorsitzenden Recht, dankte für den guten Kohlrabi und verabschiedete mich. Als ich im Foyer nach meinen Schuhen griff, traute ich meinen Augen nicht.
In den Schuhen lagen fünf Orangen und eine blau eingepackte Tafel Vollmilch-Schokolade. Verblüfft betrachtete ich mehrere Minuten lang die Schokolade und die Orangen von allen Seiten. Dann steckte ich sie in die Tasche, winkte mit den Schuhen in der Hand in den Saal und verließ gutgelaunt das Foyer. Wäre ich zum Abschied in den Kulturraum getreten, um mich für die Orangen und die Schokolade zu bedanken, hätte ich ihn ganz am Ende meines Besuchs noch schmutzig gemacht.
Dies galt es zu vermeiden. Auch wusste ich nicht, an wen ich mich mit meinen Dankesworten hätte wenden müssen. Als ich draußen die Schuhe anzog, erkannte ich, dass auch ich für Klarheit und Durchsichtigkeit in jeder Hinsicht bin. Ich trat frohgemut meinen Heimweg an. Doch wer hatte die Tafel und die Orangen in die Schuhe gelegt? Wem war bekannt, dass ich ausgerechnet Vollmilch-Schokolade am allerliebsten aß? Grundsätzlich verzehre ich alle Schokoladesorten, jedoch Vollmilch-Schokolade am liebsten. Hatte die Zahl Fünf etwas zu bedeuten? Ich wusste es nicht und würde es wahrscheinlich nie erfahren. Auf dem Heimweg benutzte ich aus gutem Grund die ausgeschilderten, sauberen Rad- und Wanderwege. Einige

hundert Meter lang konnte ich noch den eigenen Schmutzspuren vom späten Vormittag folgen. Dann trennten sich die Wege bereits wieder.
Am frühen Abend besuchte ich in der Kirche der flussaufwärts gelegenen Nachbargemeinde ein Adventskonzert. Es wurde vom Kirchenchor, einem Hackbrettensemble und einer Organistin bestritten. Die Moderatorin sprach sich mehr oder minder deutlich für Klarheit und Durchsichtigkeit aus. Das begriff ich sofort. Das gefiel mir. Das leuchtete mir ein. Sie stellte dem Stroh in der Krippe und dem Unrat der Ziegen und Lämmer den strahlenden Stern am Himmelszelt gegenüber.
Der Mensch könne an der Erde haften bleiben und im Schmutz versinken. Er könne sich aber auch bemühen, dem Stern näher zu kommen und sich damit, soweit möglich, über die Erde erheben. Ich wusste sofort, dass ich selber mit diesen Worten gemeint war und es um mich ging. Ich dachte an meine Schuhe, meine neuen Socken, an die Markklößchen und an die Orangen. Ich gab der Moderatorin völlig Recht.
Am Ende des Konzerts stellte ich aber fest, dass hier wieder einmal keine heißen Getränke und auch keine Lebkuchen angeboten wurden, und ging. Sie machten hier immer zuerst große Worte und dann gab es doch nichts zu essen. Ich wanderte auf sauberen Wegen heim. Der Mond stand im ersten Viertel niedrig über dem Mittelgebirge. Orion musste längst aufgestiegen sein. Die Sterne waren im weißen Dunst, der vom Fluss aufstieg, nicht zu erkennen.
Da die Kirche meiner Heimatgemeinde von Scheinwerfern angestrahlt wurde, war es am Flussufer hell. Wegen des Streulichts der umliegenden Gemeinden wird es hier niemals vollkommen dunkel. Nun darf ich nur nicht auf eine der von Blättern bedeckten Pfützen treten, die gefroren sind, dachte ich, und stapfte beherzt weiter. Es war noch früh am Abend. Ich hörte aus zwei Richtungen die Züge pfeifen. Ich dachte an die Socken, die Orangen, das Konzert. Passanten begegneten mir nicht.

**in weißer blüte**

Gerda Steger

winter lichter
in tannen. grün

weiß blüht,
küsst zweige
mit gläsernen augen blicken:

schnee bedeckte stille singt,
sinkt und fällt wald
einwärts dir herz
weitende räume läuten

## Dezembertage

Betti Fichtl

Dezembertage
In Grau gehüllt.

Voll Frieden
Als segnen Engel
Die Lüfte
Und verkünden
Die althergebrachte
Botschaft.

In den Kirchräumen
Entflammen die Kerzen
Mit dem Licht
Der Hoffnung
Am Kranz.

Neben den Tagkarawanen
Zum Halleluja
Der Heiligen Nacht.

## DIE Weihnachgtsgeschichte im Heute

Anita Angheloiu

Roswitha Paschke setzt ihre Wollmütze auf und macht sich auf den Weg ins nahe gelegene Wahllokal für ihren Wohnbezirk. Die Straßen sind zugeschneit, und es ist kalt. Sie wird von ihrem Mann Friedhelm, der im Rollstuhl sitzt, begleitet. Schnell legt ihm seine Frau noch eine warme Decke über die Beine. Auf dem Weg dorthin unterhalten sie sich darüber, welche Partei die passende sei, die ihnen in ihrer jetzigen Lebenssittuation beistehen könnte. Bislang konnten sie nämlich keine Entscheidung treffen.

„Du, Friedhelm, auf dem Plakat in unserer Sackgasse war ein Bild von Herrn Surbach. Der arbeitet doch sonst bei der Bank hinter dem Tresen. Ich wusste gar nicht, dass der auch was mit Politik macht. Er hat auf dem Bild ein Schild in der Hand, und darauf steht: Arbeit für alle! Toll, oder?“

„Seine Partei, die wähle ich,“ rief Roswitha aus voller Überzeugung.

„Na ja, wenn du meinst. Herr Surbach war ja immer ganz nett. Als mein Auto damals umgebaut werden musste, wegen meinem Rollstuhl, hat der uns ja auch einen Kredit gegeben. Da hast du ja auch schließlich noch gut verdient. - Du, dann wähle ich die auch. Die anderen Parteien kenne ich sowieso alle nicht. Da haben wir ja so viele.“

Als beide das Wahllokal erreichen, setzt Roswitha voller Euphorie ihr Kreuz an die entsprechende Stelle „ihrer“ Partei. Friedhelm zögert ein wenig. Aber auch er macht sein Kreuz. Er hat es seiner Frau versprochen, und Herr Surbach ist wirklich ganz nett. „Und morgen gehe ich gleich zum Job-Center, Friedhlem“, sagt Roswitha, als sie das Wahllokal mit ihm verlässt. „Schließlich gibt es ja jetzt Arbeit für alle. Auf dem Plakat in unserer Sackgasse steht es ja ‚Schwarz auf Weiß’“.

Am nächsten Morgen macht sich Roswitha ganz früh auf den Weg zum Job-Center, damit sie die erste ist. Aber eigentlich

braucht sie das ja gar nicht, denn es gibt ja jetzt Arbeit für alle. Sie zieht eine Nummer und nimmt im Wartebereich Platz. Als ihre Zahl aufgerufen wird, und sie in das Zimmer ihres zuständigen Ansprechpartners tritt, sagt dieser gleich: „Setzen Sie sich, was kann ich für Sie tun?"
„Mein Name ist Roswitha Paschke, und ich bin am 31. Mai 1957 geboren. Ich habe Näherin gelernt, und mein Mann, was der Friedhelm ist, hat 30 Jahre am Hochofen gearbeitet, aber der Arzt hat ihn kaputt geschrieben, na ja, diese Bandscheiben. Bei ihm ist das Arbeiten vorbei. Nun sitzt er im Rollstuhl. Und Herr Surbach hat jetzt Arbeit für alle! Darum bin ich wieder mal hier."
Der Arbeitsberater schüttelt den Kopf und schaut ziemlich verwundert direkt auf das Gesicht von Roswitha Paschke. „Doch", sagt sie! „Ich habe es Schwarz auf Weiß'. Bei uns in der Tabakstraße hängt ein Plakat, und darauf steht es!"
Der Angestellte des Job-Centers versucht ihr zu erklären, dass es sich auf dem Plakat um Wahlwerbung handele und nur ein Beispiel sei, welches diese Partei verfolge. Er nimmt jedoch die persönlichen Wünsche von Roswitha erneut auf. „Wir melden uns bei Ihnen, sobald wir eine Anfrage für eine Näherin hereinbekommen," sagt er mit höflicher Stimme und begleitet sie zur Tür. Mit gesenktem Kopf begibt sie sich auf den Weg nach Hause. Die eiserne Tür des Job-Centers schlägt sie hinter sich zu. Der kalte Wind weht über ihr Gesicht.
Als sie noch in ihrem Kiosk, unten an der Straßenecke, einkehrt, um einen Liter Milch zu kaufen, erzählt sie der Inhaberin, Frau Alsman, von ihrem Leid: „Das hat man nun davon, dass die alle ihre Sachen nur noch im Ausland nähen lassen. Den Leuten, die das dort machen, brauchen sie nicht so viel zu bezahlen, wie unser eins! Ich komme grade vom Arbeitsamt, die haben aber auch heute noch nichts für mich! Da wirste immer nur vertröstet. Und wie lange habe ich jetzt schon Hartz IV!"
„Du, Rosi", sagt Frau Alsman mit fragwürdiger Stimme. „Dahinten, an der Parkstraße, in der Nähe vom Altenheim, in

dem ich immer meine Schwester besuche, ist so ein Designerladen. „Pour Madame“, heißt der, glaube ich. Die suchen jemanden. Das Schild hängt da schon 'ne Woche. Bei mir kriegst du auch einen Lippenstift. Und meine Tochter Henriette, die arbeitet jetzt beim Friseur. Die kann nach Feierabend deine Dauerwelle neu machen. Und wenn du da dann die Tage hingehst, kann'ste ja sagen, dass du dich mit Design gut auskennst. Sag einfach, du hast auch schon die Hose von Frau Alsman aus dem Kiosk, Ecke Tabakstraße und Alte Schmiede, gekürzt. Vielleicht klappt es ja! Ich wünsche dir auf jeden Fall viel Glück!“
Sofort vereinbart Roswitha einen Termin mit Henriette. Sie hat sogar am gleichen Tag Zeit.
Schnell kauft Roswitha bei Frau Alsman noch schwarze Schuhcreme, damit die Risse in ihren alten Stöckelschuhen morgen nicht so sehr auffallen.
Nachdem sie alles weitere erledig hat, legt sie sich ihren bunt geblümten Faltenrock und die karrierte Bluse für den morgigen Tag zurecht. Eigentlich wollte sie ja ihre weiße mit dem Bubikragen anziehen, aber da ist noch ein Teefleck am Ärmel, den sie bis heute nicht herausbekommt.
Nun setzt sie sich an die Schreibmaschine. Einen Computer hat sie nicht. Dafür fehlt ihr das Geld. Sie beginnt zu schreiben: Ich, Roswitha Paschke, aus der Tabakstraße 7, geboren am 31. Mai 1957, möchte wieder arbeiten, und das bei Ihnen. Ich habe sogar die Hosen von Frau Alsman aus dem Kiosk schon gekürzt ...
Sie legt ihre Bewerbungsunterlagen in eine Zeitschrift, damit sie nicht zerknittern. Die Aktentasche von ihrem Mann Friedhelm lässt sich leider nicht mehr gut schließen, aber Roswitha hat noch ein rotes Gummiband, mit dem es möglich ist. Sie möchte morgen unbedingt einen besonders positiven Eindruck hinterlassen. Sie bekommt ja bereits seit vielen Jahren Hartz IV, und das möchte sie ändern und jede Chance für sich nutzen.
Gleich nach dem Frühstück zieht sie sich an und trägt den

Lippenstift auf, den sie für 2 Euro am Vortag bei Frau Alsman gekauft hat. „Rosa steht mir besonders gut“, denkt Roswitha und benutz ihn auch als Wangenrouge.
Mit der nächsten Straßenbahn fährt sie in die Parkstraße. Aus dem Fenster heraus erblickt sie bereits das goldene Schild über der Eingangstür: „Pour Madame“. Gleich dahinter befindet sich auf der gegenüberliegenden Seite die Haltestelle. Sie steigt aus und schlenkert voller Freude mit ihrer Aktentasche. Als sie den Laden betritt, streicht sie sich mit der Hand durch ihre neue Dauerwelle. Ein Gong ertönt und eine Frau in einem seidenen Kostüm tritt in den Verkaufsraum. Sie bemustert Roswitha, schaut auf die mit Rillen versetzten Pumps, die geblümte Bluse und den Faltenrock, die unter einem grauen Fischgrätenmantel hervorschauen, verzieht ihre Mundwinkel und sagt: „Wir spenden leider nichts.“ Roswithas Gesichtsausdruck wirkt ein wenig entsetzt und zugleich fragend, aber dennoch sagt sie bestimmt: „Sie brauchen mir nichts zu spenden. Ich möchte für Geld arbeiten. Die Unterlagen habe ich auch dabei. Sie suchen doch jemanden!“ Die elegant gekleidete Dame hinter dem Verkaufstresen bittet Roswitha, umgehend das Ladenlokal zu verlassen. Sie lässt sich jedoch nicht so leicht abspeisen und sagt: „Frau Alsman aus dem Kiosk an der Tabakstraße hat auf dem Weg zu ihrer Schwester auf einem Schild gesehen, dass sie jemanden suchen. Ich kenne mich im Design gut aus. Ich habe vor ein paar Jahren in einer Fabrik in der Gießereistraße gearbeitet. Wir haben Stoffe für Zelte genäht, und die Hose von Frau Alsman habe ich auch schon gekürzt. Die Firma gibt es bloß nicht mehr, weil die jetzt alles in Asien machen. Ich möchte aber unbedingt wieder arbeiten!“
Die Stellenausschreibung hängt immer noch an der Fensterscheibe, aber die Dame im Verkaufsraum sagt mit aufgesetzter, freundlicher Stimme: „Oh, den Zettel haben wir noch nicht abgenommen. Es ist bereits eine Entscheidung für jemand anderen gefallen. Da sind Sie leider zu spät gekommen. Versuchen Sie es doch mal dahinten in der Wirtschaft, etwa

hundert Meter neben dem Altenpflegezentrum. Die suchen ständig arbeitsmotivierte Leute. Wenn Sie den Laden verlassen, halten Sie sich einfach links. Sie kommen an einem Park vorbei, und dann sehen Sie schon das gläserne Gebäude mit der Leuchtreklame: ‚Mein Bier gibt's hier'. Tagsüber kann man da auch Kaffee trinken. Es ist eine neue Lokalität. Die gibt es erst seit ungefähr drei Jahren. Aber da ist es immer gut besucht. Passen Sie aber gut auf, es ist glatt, und Sie haben keine geeigneten Winterstiefel an!"

Ein wenig Zuversicht breitet sich in Roswithas Gedanken aus, und sie geht zielstrebig zu dem Lokal. Sie holt noch im Eingangsbereich ihren Lebenslauf aus der Aktentasche. Ein Großteil der Tische ist mit jungen Leuten besetzt.

Hinter der Theke steht ein junger Mann in einem weißen Hemd und einer gelben Schürze. Er bemerkt Roswitha sogleich mit dem Zettel in der Hand durch die Tür kommen. Der Kellner fragt: „Was führt Sie zu mir?"

„Ich möchte arbeiten, egal was!", antwortet Roswitha.

Sie streckt ihren Lebenslauf direkt zur Hand des jungen Mannes. Dieser greift, vielleicht um Roswitha nicht gleich zu enttäuschen, nach dem Zettel. Es mag sein, dass er aber doch auch ein bißchen neugierig ist. Er liest Zeile für Zeile. Unter der Rubrik Berufswunsch steht: Arbeiten, egal was. Er schaut sich das Passfoto von Roswitha mit der Hochsteckfrisur und den silbernen Ohringen lange an. „So, Sie sind also Roswitha Paschke und sind am 31. Mai 1957 geboren." Er macht eine Pause.

Für Roswitha scheint es eine gefühlte Ewigkeit zu sein. Nun schaut er sie an. Dann sagt er mit einer ruhigen Stimme und einem Lächeln im Gesicht: „Mädel, wenn du so heute aussehen würdest, wie auf deinem Foto hier, hättest du bei mir sofort einen Vollzeitjob bekommen. Roswitha schaut verlegen zur Seite und sagt: „Der Friedhelm, was mein Mann ist, hat den Rücken kaputt und sitzt im Rollstuhl. Ich bekomme Hartz IV, und für neue Passbilder habe ich kein Geld. Aber ich will für Geld arbeiten. Egal, was!"

„Wir stellen hier nur junge Leute ein, da wir überwiegend ein junges Publikum an Gästen haben. Da muss die ‚Chemie' stimmen. Sie sind aber so ehrgeizig, sodass Sie bestimmt etwas für ihr Alter finden." Der Kellner gibt Roswitha ihren Lebenslauf zurück und wünscht ihr einen erfolgreichen Tag.
Mit ihren Pumps schliddert sie durch den Schnee. Sie setzt sich auf eine Bank in dem Park neben dem Altenpflegezentrum, da die Straßenbahn aufgrund der Witterungsverhältnisse fünfundzwanzig Minuten Verspätung hat. Ein warmes Getränk kann sie sich nicht leisten, also haucht sie in ihre Hände.
Sie schaut einem Mädchen dabei zu, wie es einen Schneemann bauen möchte. Als dieses die zweite Kugel gerollt hat, gelingt es ihm jedoch nicht, sie auf die erste zu setzen. Also ist ihr Roswitha behilflich. Beide kommen ins Gespräch. „Wer bist du?", fragt das kleine Mädchen. „Dich habe ich hier noch nie gesehen. Auf wen wartest du denn?"
„Ich?", erwidert Roswitha. „Ich warte auf Arbeit. Aber jetzt warte ich auf die Straßenbahn. Ich muss zurück in die Tabakstraße fahren."
„Aber warum bist du denn hier?", möchte das Mädchen wissen. Roswitha erzählt ihm ihre enttäuschenden Erlebnisse und sagt mit trauriger Stimme: „Aber dafür bist du noch zu klein. Mein Kind, ich werde von niemandem gebraucht!"
„Doch", antwortet das kleine Mädchen. „Meine Uroma Lisbeth braucht dich! Weißt du, ich bin jetzt sechs Jahre alt und gehe nun in die Schule. Nachmittags muss ich immer meine Hausaufgaben machen. Meine Mama hilft mir immer dabei, wenn ich etwas nicht verstehe. Deshalb können wir nicht jeden Tag meine Uroma Liesbeth im Altenheim besuchen. Aber, wenn du nicht arbeitest, hast du ja Zeit und kannst manchmal vorbeikommen. Sie freut sich immer so sehr, wenn sie Besuch kriegt. Lass uns doch jetzt einfach hingehen. Da kannst du dich dann auch ein bißchen aufwärmen. Wieso, trägst du eigentlich bei diesem Wetter keine Stiefel?"
Roswitha überlegt einen kurzen Moment. Da es draußen doch sehr kalt ist, und sie keine geeignete Winterkleidung trägt,

stimmt sie dem kleinen Mädchen zu. Als sie in die Stube der Urgroßmutter eintreten, ruft diese: „Nanu, Frauke, hast du den Schneeman schon fertig gebaut?"
„Nein, Oma Lisbeth", erwidert das Kind. „Ich habe dir jemanden mitgebracht, damit du nicht mehr alleine bist, wenn ich mit Mama nicht kommen kann. Das ist Roswitha. Sie hat mir geholfen, die zweite Schneekugel auf die erste zu setzen. Schnee ist nach dem Rollen wirklich schwer. Und sie hat keine Arbeit. Und deshalb hat sie ja Zeit und kann dich dann besuchen, wenn wir nicht da sind."
„Moment mal, Kind, ich kenne die Roswitha doch gar nicht."
Roswitha erzählt, dass sie in einer Fabrik als Näherin gearbeitet hat und ihr Mann, Friedhelm, am Hochofen tätig war und jetzt im Rollstuhl sitzt. Als Lisbeth sich nach dem Firmennamen ihres Mannes erkundigt, sagt sie: „Ruhrpott Weiler AG."
„Ach, das ist ja interessant! Da war mein Mann vor fünfzig Jahren für eine lange Zeit im Vorstand. Ihr Mann wird ihn nicht mehr gekannt haben, dafür ist der noch zu jung. Ja, darüber gibt es noch viel zu erzählen. Wenn Sie mögen, kommen Sie doch einfach morgen zur Kaffezeit vorbei. Fragen Sie einfach nach Frau Scheffler, sofern ich nicht auf meinem Zimmer bin. Dann können wir uns in Ruhe weiter unterhalten. Meine Tochter kommt gleich wieder und holt nämlich meine Urenkelin ab."
„Das mache ich gern. Und zu Hause werde ich gleich meinem Friedhelm von diesem Erlebnis erzählen. Jetzt muss ich mich aber auch beeilen, denn meine Straßenbahn kommt in vier Minuten, sagt Roswitha."
Zu Hause angekommen, berichtet Roswita ihrem Mann von dieser wunderbaren Begegnung. Sie kommt aus dem Erzählen nicht mehr heraus.
Voller Neugier begibt sie sich am nächsten Tag auf den Weg zum Altenpflegezentrum in der Parkstraße. Heute zieht sie jedoch ihre Winterstiefel an. Leider hat einer der beiden ein kleines Loch an der Seite, aber sie sehen noch manierlich aus. Sie kehrt noch vor dem Besuch bei Frau Alsman in den Kiosk

ein, um eine Flasche Apfelsaft für Lisbeth Scheffler mitzubringen. Sie möchte die Straßenbahn um 15:20 Uhr nicht verpassen. Ihre Aufregung steigt mit jeder Minute. Was gibt es wohl heute alles von Frau Scheffler zu hören? Deshalb verschiebt sie ihren Plausch, den sie dort immer hält, auf einen späteren Zeitpunkt.
Im Altenpflegezentrum angekommen, begegnet sie auf dem Flur dem Heimleiter. „Mein Name ist Roswitha Paschke. Ich habe die Zimmernummer von Frau Scheffler vergessen. Wir sind heute verabredet."
„Guten Tag, Frau Paschke", begrüßt sie der Heimleiter. „Frau Scheffler hat ihren Besuch bereits angekündigt. Sie sitzt im Speisesaal. Ich bringe Ihnen auch gerne eine Tasse Kaffee."
Roswitha ist sehr gerührt. Mit „Guten Tag, Frau Paschke" wurde sie seit längerem nicht mehr angesprochen. Überall heißt es nur: Ach, Sie schon wieder! Und einen Kaffee, ohne Bezahlung, das erscheint für sie wie ein Wunder. Der Heimleiter bittet Roswitha nach dem Besuch von Frau Scheffler noch in sein Büro zu kommen.
Lange unterhalten sich die beiden Frauen über bereits Erlebtes. Und beide stellen fest, dass sie trotz ihres gesellschaftlichen Status' Herzensmenschen sind.
Nach einer Stunde verabschiedet sich Roswitha und begibt sich in das Büro des Heimleiters. „Ich habe von Frau Scheffler gehört, dass Sie mal als Näherin gearbeitet haben und seit einigen Jahren nach Arbeit suchen. Wir könnten gut jemanden gebrauchen, der sich um die Kleidung unserer Bewohner kümmert, bei Gelegenheit mal die Knöpfe annäht, ihre Wäsche reinigt, unsere Bettbezüge und Tischdecken bügelt und bei Bedarf auch neue Schürzen und Gardinen anfertigt. Dann brauchen wir sie auch nicht mehr zur Heißmangel zu bringen. Hinten in unserem Hof ist noch die alte Waschküche. Die könnten wir wieder in Betrieb nehmen. Wäre das interessant für Sie? Sie könnten anfangen, sobald ich sie wiederaufbereitet habe. Das wird ca. drei Wochen dauern. Den Arbeitsvertrag unterschreiben Sie morgen. Bis dahin habe ich ihn angefertigt,

und Sie haben die Stelle garantiert“, sagt der Heimleiter. „Motivierte Menschen, so wie Sie, - da ist das Alter unbegründet.“ Roswitha kann ihre Gefühle nicht mehr unterdrücken und beginnt zu weinen. Freudentränen fließen über ihre Wangen. Sie faltet ihre Hände, schaut zum Himmel und schluchzt mit leiser Stimme: „Ich darf endlich arbeiten!“

**ein Licht winkt**
Gerda Steger

auf dem Weg zur Weihnacht
kein Hetzen, kein Jagen Terminen hinterher,
nur Gedankensamen lichtumhüllt
im Gepäck das Grünende nur
will ich tragen Vor-
Freude, diesen Duft
von Zimt und Vanille nur
im Handgepäck atmen ich möchte
hören Nussknacken und Kaminfeuerknistern
auf dem Weg zu mir
Sterne ans Fenster dir kleben!

## Wintermärchen

Gabriele Bergschneider

Die Augen wollten mich nicht trügen,
einen Engel sah ich durchs Fenster fliegen,
und stellt euch das einmal vor,
er schob beiseit‘ den Fensterstore.

Als der Mond in dem Baum gehangen,
schaut er mich an, so unbefangen
und klirrend kalt wurde diese Nacht,
der Morgen wintert‘ in weißer Pracht.

Auf den verschneiten Baumkronen,
sah ich diesen Engel thronen,
er sah in eine weiße Welt,
für mich hat er den Schnee bestellt.

Ach, welcher Tag ist denn nur heute?
Weihnachten ist’s, ihr lieben Leute,
von fern hör‘ ich die Kirchturmglocken,
die uns in die Christmett‘ locken.

Hier steh‘ ich nun an seiner Krippe,
und beiß‘ mir auf die Unterlippe,
die Orgel beginnt mit ihrem Spiel,
so denke ich ans Christsein viel.

Denk‘ an den Engel, der auf dem Dach,
habe ich geträumt die letzte Nacht?

## Winterfreuden

Gerburg Tsekouras

In meiner Kindheit, die in die Nachkriegszeit fiel, waren die Winter immer sehr kalt. Wir, meine kleine Schwester und ich, konnten uns die Zeit vor und nach Weihnachten nicht ohne hohen Schnee vorstellen. Jeden Morgen noch bevor in unserem Landhaus die eisernen Öfen angezündet wurden, hauchten wir ein Guckloch in die mit Eisblumen dekorierten Fensterscheiben und schauten in den weiß überzuckerten Garten. Überall auf dem mit Eiszapfen geschmückten Schuppendach, auf Bäumen und Sträuchern und auf der Pumpe, mit der wir im Freien unser Wasser schöpften – eine Wasserleitung hatten wir damals noch nicht – lagen dicke, flaumige Kissen. Oh, der Geruch von Schnee, rein und herb! Noch immer steckt er mir in der Nase!

Aus dem Hof hörten wir das kratzende Geräusch von Großvaters Schneeschaufel, mit der er die Wege freilegte und den Platz vor der Haustür von Schneewehen befreite. Für die Erwachsenen war der Winter hart. Um in der kalten Jahreszeit unsere Wasserration mit Hilfe der Pumpe emporzuholen, musste man zunächst heißes Wasser in den Brunnenschacht gießen, um die Eisschicht, die sich über Nacht gebildet hatte, zu durchbrechen. Für uns Kinder dagegen war der Winter eine Quelle der Freuden. Denn dies war die Zeit, in der wir unsere Schlitten hervorholten. Als ich noch sehr klein war, gab es einen altmodischen Schlitten mit gusseisernen Kufen, der sich auf dem Dachboden des Schuppens befunden hatte, ein Überbleibsel aus der Vergangenheit, mit dem Großvater mich durch den Schnee zog. Der Schlitten hatte eine runde, eiserne Lehne, die mit einer warmen Decke ausgekleidet wurde und in die ich mich wie in einen bequemen Sessel hineinlegen konnte. Dick angezogen, mit Mütze, Schal und Handschuhen gegen Kälte und Wind geschützt, saß ich in meiner „Kutsche", wie ich sie nannte. Großvater war das Kutschpferd und fuhr mich über den Feldweg, der von unserem Haus zum Dorf führte, durch eine Gasse im Schnee, die er freigeschaufelt hatte. Rechts und links von dieser erhoben sich mir haushoch erscheinende weiße Wände.

Als ich größer wurde und zur Schule ging, war es ein hölzerner Rodelschlitten, wie ihn alle meine Altersgenossen hatten, mit dem ich nachmittags loszog zur einzigen Rodelbahn, die es in unserem Dorf gab. Sie führte eine abschüssige Wiese hinunter zu einem Bachlauf, der zum Glück meist zugefroren war, denn mancher Schlitten landete nicht auf dem Weg über die breite Brücke, sondern unfreiwillig im Bach. Es herrschte ein buntes Getümmel auf der Wiese, und von den vielen Schlittenkufen war die Rodelbahn spiegelglatt, so dass man höllisch aufpassen und mit den Füßen abbremsen und lenken musste, damit kein Unglück geschah. Auch machten sich die Jungen einen Spaß daraus, sich bäuchlings auf ihre Schlitten zu legen, die Mädchen zu verfolgen und in gefährliche Situationen zu bringen. Einmal hatten sie auch mich im Visier. Um ihnen auszuweichen, landete ich im Bach. Meine Fahrt wurde zwar vom Ufergras abgebremst. Dennoch brach in bis zu den Knöcheln in die an diesem Tag nur dünne Eisdecke ein. Zum Glück war des Wasser nicht hoch. Doch frierend, mit nassen Schuhen, Strümpfen und Hosenbeinen musste ich weinend den unrühmlichen Heimweg antreten. Noch höre ich das schallende Gelächter der Jungen hinter mir. Zu Hause machte meine Mutter mir ein heißes Fußbad, in dem meine klamm gefrorenen, gefühllosen Zehen sich wieder belebten. Doch ich war abgehärtet und holte mir nicht einmal einen Schnupfen.

Das Beste in der Winterzeit waren jedoch unsere sonntäglichen Ausflüge mit unseren Eltern zum Schlittenfahren in den Taunus. Wir sahen die sanften Wellenlinien der verschneiten Taunusberge von unserem Haus aus in unmittelbarer Nähe vor uns liegen, und nur eine Bahnstation entfernt war an deren Fuß das Städtchen Kronberg zu erreichen. Dort trafen wir uns mit einem befreundeten Frankfurter Ehepaar, Onkel Willi und Tante Bertel, um mit dem Bus in Richtung Königstein unserem Ziel, dem kleinen Feldberg, noch ein wenig näher zu kommen. Von dort ging es dann zu Fuß weiter, wobei wir unsere Schlitten hinter uns her torkeln ließen, unsere Familie deren zwei, unsere Freunde mit ihrem kleinen Hund einen dritten. Der Weg war mühsam. Unter unseren Sohlen knirschte der Schnee. Doch wurden wir bald durch das Bild des verzauberten Winterwaldes belohnt, durch den der Aufstieg führte. Ich kann mich kaum an trübe Tage erinnern. Hat die Erinnerung nur das Schöne und Wunderbare bewahrt und alles andere ausgelöscht? Vor meinem inneren Auge steht noch immer das atemberaubende Bild eines klaren, blauen Himmels hinter weiß verhüllten Tannen, auf denen die Schneekristalle in der Wintersonne wie Diamanten funkelten. Ab und zu setzte sich ein Vogel auf einen Zweig und zarte Flocken stäubten lautlos herab. Wie durch einen endlosen Dom ging man durch die hohen, majestätischen Bäume und vergaß dabei die Anstrengung des Steigens. Nur musste man auf der Hut sein vor den Schlitten, die einzeln oder in Gruppen in Gegenrichtung zu Tal sausten, während man selbst dieses Vergnügen noch vor sich hatte.

Eine unserer Schlittenpartien ist mir besonders in Erinnerung geblieben, da sie mit einem kleinen Abenteuer verbunden war. Wir waren endlich an unserm Ziel, dem kleinen Feldberg, angelang und banden die drei Schlitten unserer Gruppe aneinander. Auf dem ersten saß mein Vater mit mir, auf dem zweiten meine Mutter mit meiner kleinen Schwester und auf dem dritten Onkel Willi und Tante Bertel mit ihrem Hündchen Reka. Und hui, los ging es den Abhang hinunter! An weniger steilen Stellen wurde es langsamer, und alle mussten mit den Füßen nachhelfen, bis unsere Karawane wieder in Fahrt kam. Manche Stellen aber waren von den vielen Schlittenkufen, die vor uns heruntergesaust waren, so vereist, dass dort die Rodelpartie nicht ungefährlich war. Doch alles ging gut, bis .... ja, bis wir an ein Wegstück kamen, wo sich eine Welle aus verharschtem Schnee gebildet hatte, sodass dort alle Schlitten in die Höhe geschleudert wurden wie auf einer Sprungschanze. Dort hatten sich rechts und links Schaulustige versammelt, die Beifall klatschten, wenn jemand geschickt das Hindernis gemeistert hatte und schadenfroh lachten, wenn er oder sie aus der Bahn geworfen wurde. Schon von weitem hörten wir das Durcheinander vieler Stimmen und ahnten nichts Gutes. „Aufgepasst!", rief mein Vater. Doch da war es schon zu spät. Unser Schlitten wurde plötzlich emporgehoben, machte einen Schlenker nach links und landete in dem zum Glück weichen Schnee des Straßengrabens. Das heißt, mein Vater und ich fielen in das weiße Pulverbett, während die Anderen glimpflich davonkamen, da ihre Fahrt durch uns abgebremst wurde. Aber auch uns war nichts passiert. Wir schüttelten uns nur wie nasse Pudel, während das Hündchen Reka, das wohl genauso erschrocken war, wie wir, kläffend um uns herumsprang. Bald hatten wir unsere Schlitten wieder in Reih und Glied aufgestellt, und die kleine Episode wäre sicher in Vergessenheit geraten, wenn sie nicht noch ein unerwartetes Nachspiel gehabt hätte.

Auf halber Höhe der Rodelbahn, auf dem Fuchstanz, gab es ein Ausflugslokal, in dem man sich im Sommer erfrischen, im Winter aufwärmen konnten. Hier kehrten wir ein. Eine Atmosphäre der Behaglichkeit schlug uns aus dem voll besetzten Gastzimmer entgegen. Wir klopften uns an der Tür den Schnee von den Schuhen, rieben unsere klamm gefrorenen Finger und suchten uns die letzten freien Plätze. Und, wie konnte es anders sein, bestellten wir uns das Frankfurter Nationalgetränk, den Apfelwein, bei uns genannt Eppelwoi, in seiner winterlichen Version als „Heißen", mit Zucker, Zimtstangen und Gewürznelken. So von innen her gewärmt, waren wir bald in bester Stimmung. „Ich lade euch alle ein!", erbot sich mein Vater großzügig und gut gelaunt, als es ans Bezahlen ging. Er griff in die Tasche seiner Winterjacke, suchte, kramte, doch nichts als sein großes Taschentuch kam zum Vorschein. Wo war das Portemonnaie, das er von zu Hause mitgenommen hatte? „Ich muss es bei unserem Sturz mit dem Schlitten verloren haben“, sagte er kleinlaut. Zum Glück hatte Onkel Willi genug Geld dabei, um die Rechnung für uns alle zu begleichen.

„Wir müssen zu der Stelle, an der wir in den Graben gefallen sind, zurückkehren und im Schnee suchen“, entschied mein Vater. Denn bei seinem damals nur schmalen Gehalt konnte er unmöglich auf den kleinen Betrag verzichten, den das Portemonnaie enthielt. „Ihr braucht nicht mitzukommen“, wandte er sich an Tante Bertel und Onkel Willi. Doch diese protestierten entschieden. „Natürlich gehen wir alle zusammen zurück und helfen dir!“ Und so begannen wir schweren Herzens und vor allem mit schweren Beinen erneut den Aufstieg. Wie sehr doch unsere Wahrnehmung von der seelischen Disposition abhängt, in der wir uns befinden! Diesmal hatte der verzauberte Winterwald seine Magie verloren. Wir schauten nur auf unsere Füße, die zurücktrotteten. Auf unseren Gesichtern stand die Enttäuschung geschrieben. Statt einer fröhlichen Abfahrt nun wieder das anstrengende Stapfen im Schnee! Meine Schwester mit ihren kleinen Stiefelchen hielt tapfer durch. Nur Reka weigerte sich entschieden, umzukehren. Sie zerrte an der Leine und kläffte, sodass Tante Bertel sie schließlich auf den Arm nehmen musste. Endlich kamen wir zu der Stelle, wo noch die Abdrücke unserer Körper und der Schlittenkufen im Straßengraben zu sehen waren. Doch von dem Portemonnaie keine Spur! „Such, Reka, such!”, forderte Tante Bertel ihr Hündchen auf. Und tatsächlich begann Reka zu schnuppern, im Schnee zu graben und eine ganze Ladung von Schneekristallen hinter sich aufzuwirbeln. „Da ist mein Portemonnaie”, rief Vater plötzlich ganz aufgeregt. Und tatsächlich, aus dem Schnee schaute etwas Schwarzes hervor, das Vater sogleich ganz herauszog. Die Freude war groß. So hatte sich unsere Mühe doch gelohnt! Es begann schon zu dämmern, wir waren die letzten Ausflügler in dem jetzt totenstillen Wald. Schleunigst und erleichtert machten wir uns daran, erneut das letzte Stück der Abfahrt zu nehmen.

Als wir endlich müde und durchgefroren zu Hause ankamen, war es schon dunkle Nacht. Wir zogen trockene Kleider an, und ein heißer Tee hatte uns bald aufgewärmt. Vater saß im Wohnzimmer vor dem eisernen Ofen, hinter dessen Glasscheibe ein gemütliches Feuer brannte und trocknete seine durchnässten Geldscheine. Mutter vergaß nicht, vier rote Kerzen am Adventskranz anzuzünden, denn es war der vierte Advent. Wir schauten im dunklen Zimmer in die ruhigen Flammen und sangen: „Macht hoch die Tür, die Tor macht weit", das Lied, das wie kein anderes die Vorfreude auf Weihnachten wecken kann. Auch: „Leise rieselt der Schnee" vergaßen wir nicht, dessen Worte uns an unser überstandenes Abenteuer erinnerten. Todmüde fielen wir dann in unsere Betten. Noch im Traum wanderte ich durch endlose, weißverzauberte Winterwälder.

**Freudenfest**
Ines Graudenz

Trompetentöne
Geigenklänge
Trommelgeräusche
Klaviermusik
alles zur Freude
des einen großen Festes
überall auf der Welt
in der Hoffnung
auf Frieden auf Erden.

**„W" für W-eihnachten**
Brigitte Schaefer

Weltweit Weihnachten!
Wüstensand weht wirklichkeitsfremde Werte weit weiter ...

Weihnachtsgeschehen wird wiederholt wirklichkeitsnah, weil weiterhin wundersam, wohlig warm. Wahrlich, wonniges Windelkind wirkt weltweit wirkungsvoll, wie wieder Warmherzigkeit wahlweise, wahrgenommen, weitergegeben wird, weil wenigstens, wahrhaftig, wirklich wertvollste Ware ...

Wer wird wohl Weihnachtsbäckerei widerstehen? Wahrlich: welch' wunderbarer, wohlschmeckender Weihnachtsgenuss.

Weise Weihnachtswünsche werden wie Weihnachtsgeläut wahrgenommen, weil Weihnachten willkommen.

Wohltuende Weihnachtszeit wünscht
Brigitte Schaefer

## Weihnachtswetter

Renate Düpmann

Juni, 37 Grad im Schatten. Gerade habe ich eine tropische Nacht überstanden, bin aber ziemlich erledigt. Große, wie auch kleine Heldentaten kann ich heute nicht vollbringen.

Das ist ein guter Tag, um zu schreiben, im Sitzen und im Schatten zu schreiben. So denke ich.

Also dann, den Schreibblock vor mir, den Stift in der Hand, es kann losgehen.

„Weihnachten" …? Puh, selbst im Schatten ist es kaum auszuhalten. Reingehen in einen kühlen Raum, das wird gut sein. Von vorne „Weihnachten" …

Es klingelt an der Haustür. Vor der Gartenpforte steht der Paketbote. Das Wasser perlt ihm von der Stirn. Er hat mein volles Mitleid. Das ist auch ein anstrengender Job bei der Hitze.

„Guten Morgen, Frau D., ich habe hier zwei sehr schwere Pakete für Sie", tönt es über das Türchen. „Ach ja, stellen Sie die bitte einfach ab", erwidere ich. „Ich kann sie Ihnen auch vor die Haustür tragen", höre ich ihn sagen.

„Oh, das wäre richtig toll", denke ich ."Auf gar keinen Fall", sage ich. „Einfach abstellen bitte, ich schaffe das schon." – Ich glaube, dass er mir dankbar ist. Irgendwie schaffe ich es dann auch. Viel Schweiß, bringt Preis.

So, jetzt aber! „Weihnachten" … Mein Blick schweift umher und bleibt an den beiden Hunden, die platt wie die Flundern auf den kühlen Steinen liegen, hängen. Was ist denn mit meinem Terrier los? Ihm hängt ein kleines Stück Zunge vorne zwischen den Zähnen heraus. Ach du meine Güte, es geht ihm doch hoffentlich gut? Aufstehen, Block zur Seite legen, Hund überprüfen. Dieser öffnet die Augen nur einen ganz kleinen Schlitz weit, um sie sofort wieder zuzuklappen. Alles in Ordnung! Den Hunden ist es auch nur zu warm.

Weiter geht es. Block bereit, Stift gezückt und „Weihnachten" … Draußen rumpelt die Müllabfuhr. Mensch, hab ich es gut

in meinem schattigen und kühlen Raum! Ach ja …Weihnachten. Meine Weihnachtsgedanken werden jäh unterbrochen. Das Telefon klingelt. Am anderen Ende der Leitung haucht meine beste Freundin: „Ist das nicht furchtbar, diese Hitze.“ In dieses Klagelied stimme ich sofort mit ein.
Eigentlich sollte mir ums Herz ganz warm werden, denn es sollen ja Weihnachtsgedanken auf das Papier. Oh nein, das nicht auch noch!
„Weihnachten“… ist es auf jeden Fall kühler! Selbst bei fast erreichten Frühlingstemperaturen, wie im vergangenen Jahr. Eigentlich war es ein „Traumwetter“. Hoffentlich erinnere ich mich Weihnachten noch daran.
Langsam steigen die Erinnerungen hoch, an die einzigartige Stimmung, den Lichterglanz, die gemütliche Dunkelheit und so vieles, vieles mehr, was Weihnachten hier bei uns auch ausmacht! Ich freue mich schon darauf.
Ganz sicher werde ich nicht den Wunsch haben, in die Wärme und Sonne zu fliegen!

**Das Christkind kommt bald**
Annette Glanzer-Fischer

Wenn die Adventsterne beim Fenster
herein weihnachten
und silbriger Nebel ums Haus kriecht,
wenn die Einkaufsnasen auf den Straßen
noch etwas roter als sonst leuchten,

wenn aus allen Fugen und Ritzen
von allen Dächern
und aus jedem Haus
Weihnachtsfrohsinn dröhnt,

wenn „jingle bells“ sich
durch alle Poren
einen Weg in mein Innerstes sucht,

wenn hektische Betriebsamkeit
alle Brieftaschen zum Erglühen bringt
und ihnen die Schamesröte auf die Wangen treibt
und ein neues Wirtschaftswunder
am Christbaum hängt,

dann nur noch ein paar Mal schlafen,
denn das Christkind kommt bald.

**JA**
Kristina Klabes

Maria sagte:
Ja,
Ich tu`s.
Es ist o.k.,
Wenn Gott es will.

Sie war sehr jung
Sehr stark
Sehr schön.
Gott
Hatte wirklich genau
Hingesehen,
Bevor er
Seine Entscheidung traf.

Der Auftrag
Umspannte ihr ganzes
Leben
Und ließ
Einen Moment
Ihr Herz erbeben,
Als Gabriel
So strahlend
Vor ihr stand.

Wie die Geschichte
Weiter geht,
Das wissen wir Christen ja lange.
Die Frage,
Die sich mir jetzt stellt,
Die macht mich
Etwas bange.
Hätte Gott damals

Mich
Gefragt –
Hätte ich auch
So spontan
JA
Gesagt ?
Hätte ich mich
So hingegeben?
Komplett
Mit meinem
Ganzen Leben?

Allein die Frage
Zeigt es schon:
Ich wäre nicht
Die richtige Mutter
Für
Gottes Sohn.

## Nikolaus und die Kinder

Dietrich Wilhelm Grobe

Der Nikolaus hatte sich für 2017 menschlicher Zeitrechnung vorgenommen, Kindern eine Freude zu machen. Er rief seine treuen Begleiter, den wackeren Knecht Ruprecht und den hilfsbereiten Engel Flatterfroh, ließ sich von der himmlischen Arbeitsvermittlung die Adresse einer irdischen Schule in Germanien geben, diesmal im niederen Sachsen gelegen und glitt geschickt mit den beiden anderen Himmelsboten auf einem Mondstrahl zur Erde. Nach langem Suchen fanden sie die Schule – ihre Mauern waren alt und verwittert – und meldeten sich beim Hausmeister am Eingang an. Der musterte die Abgesandten äußerst kritisch, er hielt sie für verkleidete Unholde, brachte sie aber doch nach Anhörung ihres Anliegens zum Leiter der Schule. „Ich bringe Ihnen ein Indiwidibum und zwei mögliche Gefährder", sagte er. Der Schulleiter, anfangs auch skeptisch, winkte dem Hausmeister zu: „Schon gut, Krause, Sie können gehen – ich kümmere mich um die Herrschaften."

Nikolaus trug den Wunsch vor. Der Zuhörer überlegte einen Augenblick und sagte dann: „Wir haben z. Zt. eine Klasse mit Freistunde – ich bringe Sie dort hin."

Nach einer Wanderung durch viele Gänge erreichten sie den Klassenraum. In ihm waren viele Kinder versammelt und machten sich lautstark bemerkbar. Sie wurden von einem älteren Lehrer beaufsichtigt. Der Direktor stellte die Ankömmlinge dem Kollegen vor. Dann ging er. Die Kinder nahmen kaum Notiz von den Gästen und dem Schulleiter. Fast alle hielten jeweils ein Kästchen in den Händen, auf dessen blinkender Scheibe sie mit flinken Fingern hin und her fuhren. Nikolaus versuchte, sich Gehör zu verschaffen und machte sich und seine Begleiter mit den Kindern bekannt.

Ein Junge rief: „Dich gibt es ja gar nicht wirklich, nur in Bilderbüchern und im Kinderkanal vom Fernsehen."

Nikolaus überhörte den Zwischenruf und stimmte ein Lied an:

„Ihr Kinderlein kommet ...“. Zwei Jungen lachten und riefen: „Wir sind keine Kinderlein, wir sind Kids!“ Auch diesen Einwurf überhörte der Nikolaus, er begann zu singen: „ Oh, Tannenbaum, oh, Tannenbaum, wie grün sind deine Blätter ...“.

Ein Junge unterbrach ihn, er rief: „Der Tannenbaum hat keine Blätter, er hat Nadeln!“

Nikolaus beendete erneut den Gesang und blickte etwas hilflos zum Lehrer hinüber. Der stand auf und wandte sich der Klasse zu. „Du hast recht, Peter – der Tannenbaum hat wirklich Nadeln, doch sind dies nur umgewandelte Blätter. Ich berichte Euch in der nächsten Biologiestunde mehr davon.“

Der Nikolaus nickte dankbar, dann erzählte er den Kindern die Weihnachtsgeschichte. Seine Worte fanden geteilte Aufmerksamkeit, doch hörte besonders ein braunhäutiges Mädchen genau zu. Der himmlische Bote verabschiedete sich und die Seinen von den Kindern, auch vom Lehrer, den er im Hinausgehen fragte: „Was sind das für geheimnisvolle Kästchen, die die Kinder in Händen halten?“

Der Angesprochene lächelte und antwortete: „Das sind Smartphones, elektronische Zauberkästchen, die die große Welt ins Haus holen. Im Unterricht sind sie verboten, in der Freistunde erlaubt.“

Nikolaus dankte und verließ mit seiner Begleitung den Raum. Flatterfroh meinte draußen: „In der Engelschule haben wir richtige Instrumente für himmlische Musik!“

Die Drei machten sich auf den Rückweg, die Freude am Ausflug war ihnen vergangen.

## Blickwinkel

Renate Düpmann

Zu viel Kommerz, sparsam vom Herz,
so wird es beklagt Jahr für Jahr.
Kann sein, es ist wahr.

Steht die Heilige Nacht vor der Tür,
werden so viele vom Zauber berührt,
der uns den Frieden, die Liebe,
den Glauben und die Hoffnung beschert.

Welche Gaben auch unter dem Baum liegen,
unsere Gefühle lernen fliegen,
bis hin zur unendlichen Kraft,
die der Weihnachtssegen schafft.

**Tännleins Traum**
Erika Dreßler

Oje, oje –
im Tannenwald liegt Pulverschnee!
Es hat geschneit, die ganze Nacht
und manches Tierlein fröstelnd wacht.
Denn nun weiß man es ganz genau,
Frau Holle kam, die gute Frau.
Sie geht auch nicht gleich wieder fort,
bleibt gerne Gast an diesem Ort.
Und es ist auch nicht mehr so weit,
es kommt die stille Weihnachtszeit.
Der jetzt noch grüne Tannenbaum
träumt immer noch den süßen Traum.
Doch bald schon ist er aufgewacht –
denn es ist stille, heil'ge Nacht ...

## Die Advents- und Weihnachtszeit in meiner Kindheit

Sieglinde Seiler

Die Advents- und Weihnachtszeit in meiner Kindheit habe ich als etwas besonders Schönes in Erinnerung. Meine Mutter band jedes Jahr den Adventskranz aus Fichtenzweigen und schmückte ihn mit roten Schleifen. Vater, der Schreiner war, hatte aus Holz einen Adventskranzständer hergestellt. Daran wurde der Kranz mit roten Bändern aufgehängt. Abschließend wurde oben auf dem Ständer ein mit Goldbronze angestrichener Holzstern aufgesteckt.

Ich fieberte als Kind richtig dem Weihnachtsfest entgegen. Sobald am Adventskranz die erste Kerze brannte, fragte ich Mama und Oma „ein Loch in den Bauch", wann denn endlich das Christkind kommt. Ich saß in der Weihnachtszeit gern am Küchenfenster, schaute den Vögeln am Futterhäuschen oder den tanzenden Schneeflocken zu und hoffte in der Dämmerung das Christkind zu sehen, wenn es meinen Wunschzettel abholte. Unsere Küche hatte ein sogenanntes „Winterfenster". Im Winter wurde in den 50er Jahren ein zweiter Fensterflügel eingehängt. In das Doppelfenster legte Oma zusammengerollte alte Decken, damit die Kälte nicht hereinkroch. Eisblumen, die man damals noch regelmäßig an den Fenstern sah, haben mich fasziniert.

Endlich hatte es das erste Mal geschneit. Wunderschön glitzerten die Schneekristalle in der Wintersonne. Zum Schlittenfahren reichte die Schneedecke noch nicht. Doch meine kindliche Phantasie sagte mir, dass es nicht mehr lange bis zum Weihnachtsfest dauern konnte.

Mutter hatte schon ein „Hutzelbrot" gebacken, das ich sehr liebte. Sie versprach mir, wieder selber Pralinen herzustellen, wenn genügend Schnee gefallen sei. Damals gab es in den Privathaushalten noch keine Kühlschränke. Man musste sich anders behelfen, damit die flüssige Pralinenmasse rasch fest wurde, die Förmchen gestürzt und erneut verwendet werden konnten. Mutter holte mit einer großen Emaille-Schüssel Schnee in die Küche und stellte die Metallschälchen mit der Pralinenmasse zum Erkalten hinein. Es hieß also abwarten, bis es endlich kräftig schneite und das konnte dauern.

Auf das Plätzchenbacken freute ich mich. Mutter bereitete einen Honigteig für Honiglaibchen zu. Ich durfte ihr helfen, daraus kleine Kugeln zu formen. Im Ofen liefen die Kugeln etwas auseinander und das ganze Haus duftete nach Honig und Gewürzen. Die Kokosmakronen setzte man auf Oblaten, damit sie nicht am Blech anklebten. Die Vanillekipferln sind meine Favoriten bis zum heutigen Tag. Ferner durfte das Spritzgebäck nicht fehlen, für das Mutter den Fleischwolf verwendete. Dazu gab es einen Vorsatz, der drei unterschiedliche Plätzchensorten ermöglichte. Welche Formen ich für die „Ausstecherle“ verwenden wollte, konnte ich selbst bestimmen. Ich hatte Auswahl zwischen Ente, Pilz, Herz, Küken, Kreis, Glocke, Mond und unterschiedlich großen Sternen. Die Herz- und Stern-Förmchen verwendete ich am liebsten, nachdem bei der Ente immer der Schnabel in der Form hängen blieb. Ich war mit Feuereifer bei der Sache. Auch der Christstollen musste zeitig gebacken werden, damit die Gewürze durchzogen bis zum Weihnachtsfest. Zitronat und Orangeat gab es damals noch nicht als Würfelchen zu kaufen, sondern man musste sie erst von Hand schneiden. Das Backen in der Ofenröhre des Holzofens war mühsam. Oma musste behutsam heizen, um die Temperatur möglichst gleichmäßig zu halten.

Am Marktplatz meines fränkischen Heimatstädtchens stand in der Weihnachtszeit ein großer Christbaum. Im Schaufenster des kleinen Lebensmittelgeschäftes nickte ein Nikolaus, wenn er „ein böses Kind in seinen Sack steckte und danach wieder herausholte“.

In der Adventszeit wurden bei uns zuhause abends vor dem Zubettgehen die Kerzen am Adventskranz entzündet. Vater holte seine Mundharmonika und Mutter ab und zu ihre Zither. Gerne sangen wir Weihnachtslieder. In der 3. Klasse Volksschule beherrschte ich das „Flötenspiel“, sodass wir abwechselnd singen konnten. Es gab eine Tasse Tee und dazu ein paar „Versucherle“ von den Weihnachtsplätzchen. Für die Teezubereitung dienten selbst gesammelte Lindenblüten, Schafgarbe, Brombeer- und Himbeerblätter oder auch Kamille. Wenn eine Erkältung im Anmarsch war, gab es Spitzwegerich-Tee. Mutter schälte Äpfel aus dem eigenen Garten und versorgte uns mit mundgerechten Apfelschnitzen. Manchmal lauerte ich auf einen Bratapfel, der in der Backröhre vor sich hin brutzelte und köstlich duftete. Vater bastelte mit mir einen Rauschgoldengel aus Goldpapier. Den „Leim“ rührten wir aus Mehl und Wasser an. Er hatte leider nicht die Qualität vom heutigen Klebstoff.

Solange ich noch an den Nikolaus glaubte, kam dieser am 5. Dezember, dem Vorabend des Nikolaustages, bei uns vorbei. Irgendwann sagte ich nach seinem Besuch, dass der Nikolaus „die Schuhe vom Onkel Josef“ anhatte. Ab da ließ sich der Nikolaus bei uns nicht mehr sehen. Vom Nikolaus bekam ich einen länglichen mit Zuckerglasur verzierten Lebkuchen, auf dem ein buntes Nikolausbild klebte. Ich löste es vorsichtig ab und klebte es auf die Fensterscheibe. Als ich größer wurde, musste ich in der Adventszeit meinen Text fürs Krippenspiel in der Schule lernen. Einmal durfte ich einen Engel spielen. Das Engelkleid mit Goldborde nähte meine Mutter. Auch der Sternenkranz fürs Haar wurde selbst gebastelt.

Endlich war der Heilige Abend da. Während des Jahres war man nur im Wohnzimmer, wenn Besuch da war oder ein Geburtstag gefeiert wurde. Ansonsten hielt man sich in der Wohnküche auf, die über ein Sofa verfügte und im Winter der einzige beheizte Raum war. Am Heiligen Abend und über die

Weihnachtsfeiertage war man viel im Wohnzimmer. Den „Dauerbrenner-Ofen“ beheizte Vater mit Holz und Kohlen und sorgte immer rechtzeitig für Nachschub. Es war eine „Pudelwärme“ dort und die Orangen- und Mandarinenschalen auf der Ofenplatte dufteten herrlich.

Der Christbaum wurde erst am Heiligen Abend im Wohnzimmer aufgestellt. Als ich größer wurde, durfte ich beim Schmücken der Fichte mit bunten Glanzkugeln, der Christbaumspitze und Lametta, das wir „Silberfäden“ nannten, helfen. Nachdem echte Christbaumkerzen in den Kerzenhaltern verwendet wurden, musste man sehr aufpassen, dass der Christbaum kein Feuer fing. Ich mochte gerne die Sternspucker, die aber nur Vater entzünden durfte. Unsere Krippe hat Vater gebastelt. Für die Dachziegel verwendete er – so kreativ wie er war – die getrockneten Schuppen von Tannenzapfen. Ich hatte die Aufgabe, die Krippe „einzuräumen“. Fast jeden Abend „räumte ich um“. Die Krippenfiguren waren für mich gleichzeitig Spielzeug. In den 60er Jahren wurde ein altdeutscher Christbaum modern. Dafür brauchte man eine Kiefer. Die „Silberfäden“ blieben in der Weihnachtskiste und anstatt der Glanzkugeln hingen bunte Holzfigürchen und Strohsterne am Christbaum. Eine elektrische Christbaum-Beleuchtung hielt ihren Einzug.

Wie auch heute kleine Kinder, konnte ich es kaum erwarten, bis endlich das Christkind kam. Wenn die Eltern im Wohnzimmer verschwanden, musste mich Oma „bändigen“. Einmal reichte das Christkind mein Puppenbettchen durch das Küchenfenster. Ein andermal kam es sogar in die Stube herein und hatte ein Engelchen dabei. Wer sich wohl unter dem Schleier verbarg? Ich erinnere mich an einen Brumm-Kreisel, den ich bekam, einen Teddy-Bären und eine „Schildkröt-Puppe“. Die Puppenküche, die von den Möbeln her dem Wohnzimmer meiner Eltern nachempfunden war, kam aus der geschickten Hand meines Vaters, ebenso Leiterwagen und

Holzroller.

Damals war die Christmette erst um 24 Uhr und – egal wie müde wir Kinder waren – durften wir in die Mitternachtsmesse mit. Ein Auto hatten wir noch nicht. Wir stapften gemeinsam durch den Tiefschnee, der knirschte. Das in der vollbesetzten Kirche am Schluss des Gottesdienstes gesungene Weihnachtslied „Stille Nacht“ klingt noch heute wohltuend in den Ohren nach.

Die Weihnachtstage waren immer die schönsten Tage im Jahr. Da hatten meine Eltern – wenn Vater nicht gerade ein paar Scheite Holz hackte oder Schnee räumte – mehr freie Zeit, die sie „drinnen“ verbrachten und mit mir spielten. Es war üblich, dass sich die Verwandtschaft über Weihnachten gegenseitig besuchte, „um den Christbaum zu schauen“, wie es bei uns hieß. Wir Kinder kosteten gerne die Weihnachtsplätzchen der Tante.

Mit meinen Cousinen, die in der Nachbarschaft wohnten, war ich stundenlang beim Schlittenfahren. Manchmal kamen wir durchnässt nach Hause. Wir hatten uns mit Hilfe der anderen Kinder rücklings in den Schnee fallen lassen und systematisch mit den Armen und Beinen um uns geschlagen. Dann wurden wir vorsichtig von den anderen Kindern hochgezogen, damit wir unser Kunstwerk, einen so entstandenen „Schneeadler“ möglichst unbeschädigt bestaunen konnten. Wenn wir frierend heimkamen, kochte uns Oma ein Tasse Kakao.

Am Tag nach Weihnachten, dem 27. Dezember, war das Fest der „Unschuldigen Kinder“. Für uns Kinder war es allerdings der „Pfefferles-Tag“. Wir gingen „pfeffern“, d.h. wir klingelten als kleine Gruppe an Häusern, wo wir die Bewohner kannten, und sangen ein Lied: „Pfefferlasguad, Gsalzn`s und Gschmalzn`s iss alles zamm guad!“ Das ist „Fränkische Mundart“ und bedeutet: „Das, was wir an Bettelgut von Euch bekommen, ob Gesalzenes oder Fettgebackenes – es schmeckt alles gut!“ Wir waren mit unserer Stofftasche eine Zeit unterwegs. Am Schluss hatten wir ein ganzes „Sammelsurium“ an kleinen Geschenken: Griffel vom Schreibwarenladen, runzelige Äpfel, übrig gebliebene Weihnachtsplätzchen und andere Kleinigkeiten, die Kinder gebrauchen konnten. Stolz zogen wir nach Hause und breiteten unsere „Beute“ am Küchentisch aus. Wir teilten die Geschenke auf und tauschten auch untereinander.

Am Neujahrstag besuchten wir nach dem Gottesdienst meine andere Oma, die Mutter meines Vaters. Dort trafen die Geschwister väterlichenseits mit ihren Familien aufeinander. Das Wohnzimmer im Bauernhaus stand voller Leute. Wir Kinder beschäftigten uns mit der Krippe, die in eine Landschaft eingebettet war und leckten auch mal heimlich am Likörgläschen, das die Erwachsenen ausgetrunken hatten. Der Weihnachtsfestkreis der Katholischen Kirche dauert zwar länger. Als Kind war er für mich vom Gefühl her mit dem „Fest der Heiligen Drei Könige“ beendet. Die Sternsinger zogen, wie sie das auch noch heute tun, von Haus zu Haus, sangen ihre Lieder und schrieben ihr „C + M + B“ auf die Haustüren.

**Schneemärchenreich**
Gabriele Anders

Was kommt da aus dem grauen Himmel
für ein federleichtes, weißes Flockengewimmel?
Sie tanzen und wirbeln, sie drehen sich leise,
sie sind auf ihrer Winterreise!
Sie senken sich langsam und ruhig und sacht,
haben für Zäune und Häuser Mützen gemacht!
Die Reise geht noch immer weiter
und stimmt besonders Kinder heiter.
Sie wollen eine Schneeballschlacht
und einen Schneemann, der lustig lacht!
Bald umhüllen die Flocken die Erde ganz weich,
wir befinden uns plötzlich im Schneemärchenreich!

## **Vorfreude**

Käthe Wetzel

Ach du lieber Weihnachtsmann,
ich danke dir so sehr ich kann,
hast du doch für mich soeben
das Paket dort abgegeben.

Mama hat es angenommen,
ich soll`s Weihnachten bekommen.
Bin für das Geschenk bereit,
es ist doch Vorweihnachtszeit!

Oben auf dem Schrank liegt´s hier,
doch ich seh` nur Packpapier.
Es hilft kein Betteln und kein Fleh`n,
ich darf´s vor Weihnachten nicht seh`n.

Die Mama kann ich nicht erweichen,
sie will´s Paket nicht runterreichen.
Hat´s dem Weihnachtsmann versprochen
und ihr Wort wird nicht gebrochen.

Vorfreude soll am Schönsten sein,
ich aber finde das gemein!

## Das schönste Geschenk

Brigitte Schaefer

Weihnachten nahte! Kinderträume können meistens leichter erfüllt werden, wenn es Erwachsene wahrnehmen.

Obwohl ich meine Puppen über alles liebte, versteckte sich auch ein kleiner Junge im quirlig veranlagten, kindlichen Wesen. Nicht nur, weil ich im Sommer gern mit den Nachbarjungen Fußball spielte oder wetteifernd Bäume hinaufkletterte, sondern auch, weil mich Eisenbahnen faszinierten.

Eines Tages entdeckte ich in der Adventszeit in einem Schaufenster von „Tengelmann", zwischen allen anderen verlockenden Angeboten, ein Blechspielzeug.
Ca. 15 cm breit, 40 cm lang, 5 cm hoch, eine Landschaft darstellend, an den Seiten aufgemalte Felder, einem Wald und See, sowie einem Weg, der zu rot-bedachten Häusern eines Dorfes führte.

Beeindruckt war ich, vor allen Dingen, von einer wirklich sehr kleinen Eisenbahn, die auf diesem Blechgestell immer wieder rundherum sauste, wenn durch Benutzung eines vierkantigen Schlüssels die Eisenbahn zum Schnelllauf bewegt werden konnte.

Über eine blaue Brücke hinweg bis zum rotlackierten Bahnhof, aus kleinsten Blechteilen dargestellt, und durch einen Tunnel fahrend, bewegte sich der Mini-Zug, immer wieder seine Kreise ziehend, bis die Kraft des Laufwerkes versiegte.

Auf dem weihnachtlichen Wunschzettel stand nun ganz oben in großen, nicht zu übersehenden Lettern, obwohl ich längst nicht mehr an den Weihnachtsmann & Co. glaubte: „Bitte liebes Christkind, ich wünsche mir so sehr die „Tengelmann Eisenbahn". Ich musste es versuchen, da ich spürte, dass die

Mutter diesen heiß begehrten Wunsch gar nicht so recht beachtete und sogar mal etwas abwegig von „Jungen-spielzeug“ sprach.

Sie malte mir auf einem Stück Papier ein eigenartiges Gebilde auf, zwar einem Nikolaussack ähnelnd, aber mit markanten Ecken und Rundungen, dicken Schleifen und deutete darauf hin, dass ungefähr so mein Geschenk aussehen würde. Ob sie dabei verschmitzt lächelte, konnte ich nicht erkennen. Meine ersehnte Eisenbahn konnte darin nicht versteckt sein, dazu war die Darstellung viel zu komisch. Ich war eher enttäuscht als neugierig.

Meinen Traum träumte ich allerdings weiter und hoffte natürlich doch auf die Erfüllung am Heiligen Abend. Bekanntlich vergeht die Zeit vor Weihnachten bei Kindern überhaupt nicht – aber siehe da: der Tag, wenn das Glöckchen klingeln würde, rückte näher und näher.
Die Tür zum weihnachtlich geschmückten Wohnzimmer öffnete sich und ein wunderschöner, mit echten brennenden Kerzen versehener Weihnachtsbaum ließ Kinderaugen erstrahlen. Dazu drehte sich der Baum in der alten Drehorgel und die vielen Strohsterne schienen, wie im Glücksrausch, in den Zweigen zu tanzen.

Nun war endlich wieder Weihnachten! Gemeinsam wurden Lieder gesunden, mein Gedicht sagte ich äußert brav und ohne Stolperfehler auf, heimlich schon das Augenmaß auf den Gabentisch richtend.

Nicht zu übersehen war ein rot gepolsterter Stuhl mit zwei Lehnen, der noch heute unbeschadet seinen Zweck erfüllt. Auf diesem saß ein Plüschtiger, der mich liebevoll anschaute und dieser Blick jedes Kinderherz hätte höher schlagen lassen. Sicher war ich beglückt, doch mein einziger Gedanke galt einer kleinen Eisenbahn, die ich aber, in hoffnungsvoller

Erwartung, nicht entdecken konnte. Päckchen der Patentanten wurden neugierig ausgepackt und auf den sich füllenden Gabentisch gelegt und zwischendurch wurden leckere Plätzchen vom verlockenden Weihnachtsteller genascht.

Packpapier und Bändchen lagen verstreut unter dem roten Stuhl, bis die Mutter mich zum Aufsammeln ermahnte und auf den Fußboden deutete. Ich konnte nicht bemerken, dass sich die Eltern augenzwinkernd zunickten.

Unwillig kroch ich unter den Stuhl, um das letzte Einwickelpapier, das sich hinter dem Holzbein verkeilt hatte, hervorzuholen. Ich wollte es zusammenknüllen, doch es misslang. Irgendetwas hemmte. Das Papier zu zerreißen gelang nicht, denn etwas Blechernes hinderte mich daran. Es dauerte allerdings nur noch Sekunden bis ich erkannte, wovon mein Kinderherz geträumt hatte: Es war tatsächlich das heißbegehrte Spielzeug, das die Mutter bewusst unter dem Stuhl mit extra viel Packpapier verdeckt hatte.

Das Bähnchen drehte sich im Weihnachtsjubel. Es wurde nachts mit ins Bett genommen, unter dem Kopfkissen versteckt, wohl um zu verhindern, dass es wieder davonfahren könne.

Wenn auch der rote Stuhl, zu dem sich ein zweiter zum Geburtstag gesellte und die noch heute von Nutzen sind – wie auch der Tiger überlebte – materiell wertvoller waren, so wurde dieses blecherne Stück, geringerer Qualität, zur größten Erfüllung meines Kinder-Weihnachtstraumes. Die Eltern hatten es erkannt.

Wo die kleine Bahn im Laufe der Jahre verblieben ist, welches neue Ziel sie ansteuerte, ist mir leider nicht bewusst. Jedoch, wenn ich über Weihnachts- oder Flohmärkte gehe, erwische ich mich, dass ich immer wieder nach einem identischen

Blechspielzeug Ausschau halte, aber bisher nichts Vergleichbares gefunden habe.

Ein Kinderwunsch wird oft zum erinnerungsträchtigen Erwachsenen-Traum. Weihnachten naht! Ich werde wieder auf Entdeckungsreise gehen. Vielleicht …

**Weihnachtsschleckereien**
Gabriele Bergschneider

In Reih‘ und Glied stehen sie,
die Nikoläus‘ aus Schokolade,
und aus den Regalen vis à vis,
schaut noch kein Osterhase.

Der frisch gebackene Stutenkerl
raucht längst seine Pfeife,
wer reißt Rosinen zum Verzehr,
aus seinem Aug‘, pfui Teufel.

Die Engelchen aus Marzipan
mit rosaroten Wangen.
Was hat man ihnen angetan?
Die kleinen bösen Rangen!

Der Heiligenschein ist entfernt,
der wurde abgeknabbert,
und die Nüss‘ und Mandelkern,
hab'n sie angeschlabbert.

Weihnachtsteller sind gefüllt
mit Äpfeln und Pralinen,
und mit Marzipan umhüllt
die kleinen Mandarinen.

Kinderaugen, die sind groß,
Kinder stibitzen und naschen,
nur dann kommt das Bauchweh bloß,
bei vollen Backentaschen.

Das hat das Christkind nicht gewollt,
an Weihnachten zu Bette,
das Bäuchlein kugelrund gerollt,
und nicht zur Christenmette.

**Alle Jahre wieder**
Renate Düpmann

Weihnachten ist miteinander,
Miteinander in Frieden,
Frieden innen und außen.

Weihnachten ist vergeben
Vergeben aus ganzem Herzen,
Herzen finden sich wieder.

Weihnachten ist Güte,
Güte alle umfassend,
umfassend die Seelenruhe.

Weihnachten ist träumen,
träumen von einer friedlichen,
vergebenden und gütigen Welt.

## Vollversammlung der Engel

Eine ganz andere Geschichte vor Weihnachten

Bruna Häcker

Irgendwie ist auch im Himmel heutzutage alles anders geworden. Petrus wiegt schon seit längerer Zeit bedenklich den Kopf und sucht nach einer Lösung. Die Engel proben den Aufstand, sind unzufrieden und durchbrechen beständig die Regeln des himmlischen Alltages. Die neuen Medien der Erdbewohner sind auch im Himmel angekommen. Was heißt das? Im Himmel gibt es weder ipot noch Smartphones. Die Strahlen von den Satelliten bescheren den Engeln immer wieder bruchstückhaft Bilder und Informationen von der Erde. Was die Eine nicht gesehen hat, kann die Andere erzählen. Das nächste Topmodel und Einkaufs- und Verschönerungssendungen. Das verursacht Wünsche. So üben die Engel auf der Milchstraße laufen und charmant trippeln. Das tun sie natürlich nur, wenn der gute Mond hell genug scheint und Petrus ganz sicher nicht schaut. Der alte Mond wundert sich über nichts mehr.

Eines Tages kommt Damian, der Modeschöpfer, an die Himmelstür und klopft an. Gleich sieben Engel öffnen und bitten ihn ins Vorzimmer, bevor Petrus ihn einlässt. Sie umkreisen ihn und stellen tausend Fragen. Es gibt so vieles, was sie noch nicht wissen. Doch er ist schneeweiß, wie Tote zu sein pflegen und schaut vergrämt drein. Die Schultern nach vorne gekippt, sitzt er schlaff in seinem Nadelstreifenanzug, mit dem er auf den letzten Weg geschickt wurde, auf dem Hocker und starrt vor sich hin. Er nimmt die Engel kaum wahr und als er sie erblickt, scheucht er sie mit unwirscher Handbewegung weg. „Nein nicht hier auch noch. Dieses unglaublich hektische, hysterische Gekreische der Mädels", sagt er müde. „Ich bin froh, wenn ich endlich meine Ruhe habe und kein Smartphone klingelt und ich nicht twittern muss und mir nicht fünf Leute auf einmal eine Stoffprobe unter die Nase halten und drei Models wegen zu großem Hunger umfallen.

Dazu diese quälenden Modeschauen, in denen Menschen sitzen, die nicht wissen, wo sie ihr Geld hintragen sollen. Ich hatte es ganz einfach satt. Da sagte mein Herz: ‚Ich hör für dich auf zu schlagen.' Das war meine Rettung." Die Engel blicken sich verdutzt an und sagen im Chor. „Oh weh". Der Modeschöpfer wird zu Petrus gelassen und bekommt seinen Platz auf einem sehr bequemen Stuhl angeboten, bevor ihn Petrus nach seinem Leben befragt. Seit Jahren strahlt der gute alte Petrus einmal wieder und seine himmlisch blauen Augen leuchten. Jetzt hat er die Lösung für seine Engel gefunden. Dem himmlischen Besucher muss man nicht seine Arroganz austreiben, vielmehr ist er zu trösten und aufzurichten. Vielleicht kann dieser Damian den Engeln berichten, wie es wirklich auf der Welt zugeht. Was der Modeschöpfer niemals geglaubt hätte, er darf sofort im Himmel bleiben. Seine schneeweiße steinharte Mimik weicht einem milden Lächeln. So eine rechte Freude will bei ihm aber nicht aufkommen, weil er bei jeder Gelegenheit von den himmlischen Wesen angesprochen wird und diese ein erstaunlich fundiertes Wissen über die Medien der Erde vorweisen können.

Er macht einen Termin bei Petrus aus und trägt seine Beschwerde vor. Dieser legt seine weiße, weiche und große Hand auf die Schulter des Modemoguls und bietet ihm eine Vollversammlung im Himmel an. Das beruhigt den Modemacher sehr und er kann endlich seine Seele baumeln lassen und mit sich Frieden schließen.

Die Versammlung wirkt auf Damian beeindruckend. Die duftig leichten Gewänder und bewegten klingenden Flügel der Engel versetzen ihn in Tagträume. Er bemerkt nicht, dass auf Galerien, wie in einem großen Theater, viele flügellose Gestalten sitzen. Alle, die es von der Erde in den Himmel schafften, dürfen, wie er, diesem Ereignis beiwohnen.
Petrus tritt durch die Tür in den Saal und setzt sich auf seinen Sessel. „Ihr Lieben", beginnt er. „Wir haben im Himmel

Probleme, die es hier nicht geben dürfte. Unsere himmlische Welt ist völlig durcheinander geraten. Etliche Engel schauen fortwährend auf die Erde. Das ist natürlich in den Engelsaufgaben enthalten, nicht aber, dass sie Modelsendungen ansehen und auf der Milchstraße herumtrippeln, um laufen zu üben. Der gute alte Mond hat sich bitter beschwert und will künftig dafür nicht mehr leuchten. Er ist mit den Nerven am Ende. Unsere Aufgabe ist die unaufdringliche Hilfestellung und Begleitung der Menschen da und dort zu den bestehenden himmlischen Aufgaben.“ Die betroffenen Engel sitzen eng aneinander gedrückt mit gesenkten Köpfen und fühlen sich ertappt.

Da steht eine kleine unscheinbare Gestalt in der Galerie auf und ruft mit lauter Stimme: „Das ist genau, wie bei meinen Enkeln und Urenkeln. Die machten auch immer, was sie wollten.“

„Oma“, ruft Damian, „du hier“? Die Engel grinsen. „Bist du es Damian? Ich mag es nicht glauben. Der schrägste Vogel der Familie im Himmel“, ruft sie quer durch den Saal.

„Ja, Oma, ich bin es. Mein Leben war Stress, Stress. Stress. Erfolgreich sein um jeden Preis, war mein Slogan. Als ich merkte, dass etwas mächtig aus dem Ruder läuft, war es schon zu spät. Ich hatte mich verloren. Petrus, jeder Mensch hat doch einen Schutzengel, oder“?

„Na, klar, mein Lieber.“

„Und wo ist meiner jetzt, ich möchte mit ihm reden und mich bedanken. Er hatte es wohl sehr schwer mit mir.“

„Nun ja, er ist auf der Wolke der Genesung, um sich zu erholen“, sagt Petrus eher leise.

Damian wird erneut leichenblass. Ganz traurig sagt er: „Petrus, das wirkliche Leben auf der Erde ist rau und schwer. Es gibt viele politische Dissonanzen, Völkerwanderungen, Kriege, Krankheiten, Feindschaften in Familien und Gemeinschaften.“

Oma mischt sich erneut ein und schreit ganz laut, damit es wirklich alle hören. „Petrus, schick doch die tanzenden und schön laufenden Engel auf die Welt. Sie sind kraftvoll,

ausgeruht und gut gelaunt. Vielleicht schaffen sie, ein wenig Frieden in die Herzen der Menschen zu geben."
Knisternde Stille im Raum. Petrus erhebt sich und sagt: „Was für prächtige Menschen ich hier habe. Eine gute Idee. Wer ist dafür?"
Ein lautes „Ja" erschallt durch die himmlischen Sphären.
Ihr werdet es nicht glauben, es wird getanzt, gelacht und sogar der gute alte Mond blinzelt versöhnt. Jetzt ruft Petrus in den Saal: „Bald feiern die Menschen Weihnachten. Vielleicht schafft ihr es in ihrem Herzen, ein Licht anzuzünden. Diese Wärme fehlt im Leben mancher Menschen leider. Alle applaudieren, bevor Petrus gelassen und froh weggeht.
„Das ist Himmel", sagt Damian zu seiner kleinen Oma mit der schrillen Stimme und legt seinen Arm um sie.

**Weihnacht**
Betti Fichtl

Läutende Glocken
Über dem
Eisgrauen Himmel.

Sie verstummen
Im Ttrubel
Der hektischen Straßen
Im Girlandenlicht.

Allein führen
Die Wege
Im Konvoi
Durch den
Vorweihnachtlichen Glanz
Ohne ein Du.

Ein Heiliger Abend
Vor dem Bildschirm
Mit gekauftem Gebäck
In der Kristallschale
Vor einem
behängten Tannenzweig
An der Wand.

Ein einsamer Mensch
Inmitten
Der Freude.

**Weihnachtsabend**
Evelyn Lenz

Weiße Weihnacht wünscht man sich sehr,
jedoch bei zehn Grad oder mehr
schwindet die Hoffnung auf glitzernden Schnee.

Lächerlich scheint die Vorstellung von Glühwein,
wovon sollte man fast steif gefroren sein?
Bei herbstlichen Temperaturen
schaut man nicht auf die Uhren,
um die geplante halbe Stunde einzuhalten.

Man dehnt den Spaziergang,
bald wird er zu lang.
Das Kind fiebert der Bescherung entgegen,
will sich nun nicht mehr draußen bewegen.
Also kehrt man nach Hause zurück,
um unterm Lichterbaum
Geschenke auszupacken
und sich ein Glas Wein zu gönnen.

## Eine durchschnittliche Begebenheit

Bernd-Peter Liegener

Ich habe schlechte Laune! Keine Blaustrahlhimmelstimmung, keine Adventsfreude, kein Buddhalächeln. Und zwar einfach, weil ich einkaufen will, soll oder muss, je nachdem, ob ich den Ehealltagshelden herauskehre, den Pantoffelhelden zugebe oder ob ich mich einfach so und da betrachte, wo und wie ich im Moment bin: auf dem Weg vom kleinen Auto zum großen Laden. Und hier jetzt mein Unternehmen zu unterbrechen, umzukehren, nicht zu versuchen, den neuen lupenbewehrten leicht laufenden Einkaufswagen dieser wirklich unsympathischen Person dort wegzuschnappen, der die alten klapprigen Karren wohl nicht gut genug für den kurzen Einkauf sind, einfach zurück zu gehen und zu fahren, vielleicht auch „Weglaufen statt Einkaufen" – einen kleinen Spaziergang zu unternehmen, nein, das ist nicht möglich. Jedenfalls nicht mit einem vertretbaren Aufwand an motivationaler Energie. Das System und ich sind träge, das einmal programmierte Programm läuft weiter und so tue ich das eben auch. Ob ich den schicken schwarzen Leichtlauftrolley ergattere, weiß ich nicht mehr. Das ist eins von diesen Problemen, die man bekommt, wenn man die Vergangenheit im Präsens schildert. Aber ich weiß noch, dass ich das Geschäft betrete, an den Blumen im Eingangsbereich vorbei rieche, freundlich den schwarz gewandeten Herrn grüße, der englisch gut lesbar für meine Sicherheit sorgt und schon klingt mir ein süßliches „süßer die Glocken nie klingen" entgegen und ich bin im Einkaufsparadies. Oder, so gering der Unterschied auch scheinen mag, in der Esswarenhölle. Eigentlich wirkt alles ganz harmlos, nett in Regalen arrangierte wohlverpackte Lebensmittel aller Arten, alles, was man braucht und vor allem, was man nicht braucht. Das Richtige für jeden Geschmack und in jeder Menge. In zu großer, in viel zu großer Menge. In geradezu erdrückender Vielfalt. In unglaublich gut sortierter Unübersichtlichkeit. Zunächst gelingt es mir, ein

paar Meter mit unbeteiligtem Gesicht meinen Wagen vor mich hin vor mir her zu schieben und so zu tun, als sei mir nicht übel. Kein Kunde erkennt meinen Neid auf Konklienten, die selbstsicher und zielstrebig ihr Wägelchen durch die weiten Gänge steuern, ohne nachzudenken aus den zig Käse- oder Wurstpackerln genau die ihnen am besten schmeckende, fettanteiloptimierte, ökologisch oder ökonomisch unbedenkliche Klein-, Groß-, oder Mittelgroßpackung greifen, das frischeste, saisonal angebrachteste, leckerste und am wenigsten genmanipulierte Obst oder Gemüse packen und – na, Sie wissen schon – sicher waren Sie ja auch schon mal einkaufen. Jedenfalls schaffe ich es normalerweise, sollte ich mich einmal durchgerungen haben, eine Suppe zu kaufen, kaum zu entscheiden, ob es eine Dosen- oder Tütensuppe sein soll. Tütensuppen gibt es heutzutage übrigens neben der klassischen Wasseraufgießkrümelvariante auch schon als Fertigsuppenalternative. Quabbelige Alu- oder Kunstkautschukkissen halt. Und außer dem Suppenwürfel natürlich Suppe im Becher. Aus verschiedenen Herkunftsländern. Die Wahl wäre schon schwer genug, wenn man wüsste, was für eine Suppe man eigentlich kaufen sollte. Und dann gibt´s natürlich noch drei gleichgeschmackliche Gerichte, von denen jedes am besten schmeckt, weil es die besten Zutaten hat, die ganze Familie glücklich macht, das gesündeste ist und natürlich das preiswerteste. Und brauche ich wirklich eine Suppe? Nicht, dass Sie jetzt denken, ich hätte Schwierigkeiten mit Entscheidungen, aber wenn Sie es dennoch dächten, hätten Sie Recht. Jetzt schlendere ich jedoch noch wie geschrieben scheinbar lässig und unbefangen im Slalom um saisonal geschmückte Schokostände durch diesen Konsumkoloss, diesen monströsen Moloch voller Verheißungen auf fetten Fraß. Ja, und die Vorstellung, all diese Nahrung könne ich in mich hineinstopfen, bewirkt halt diese leichte Übelkeit. Eher nur ein Unwohlsein. Ein Abscheu! Und da soll man einkaufen … Aus den Lautsprechern tönt „fröhliche Weihnacht überall“.
Ich denke an den Einkaufszettel in meiner Tasche und fange

mit dem leichtesten an. Ganz unten – das weiß ich aus dem Kopf – steht da: Knabbern – Fragezeichen! Nun ist die Auswahl einer geeigneten Knabberei zwar geradezu übergeeignet, mein Entscheidungsdilemma zu veranschaulichen, aber hier gibt es heute einen Trick: Gerade vor ein paar Tagen hatte meine Frau aus eben diesem Geschäft eine Tüte Chips mitgebracht, und diese haben wir, soweit ich mich erinnere, am Abend mit Wohlgefallen verzehrt, und bekommen sind sie uns auch. Mir ist es zwar schleierhaft, wie es zu genau dieser Wahl aus dem überbordenden Überangebot von Knabberspaß gekommen war, doch das ist mir im Moment eigentlich auch egal. Eigentlich bedeutet, dass ich in Wirklichkeit schon gerne wüsste, wie sie das so macht mit der Wahl und Entscheiderei. Aber hier und heute gefällt es mir, zielgerichtet auf die bekannte Packung zuzugehen, sie zu greifen, als wüsste ich genau, dass es die beste aller nur denkbaren Knabbereien sei, mich triumphierend umzusehen, mich wie ein Held zu fühlen, wie der routinierteste aller Einkäufer, wie der König der Welt! Statt der Hintergrundsdudelmusik bilde ich mir ein, ein laut geschmettertes Gloria zu vernehmen.
Und jetzt der Einkaufszettel! Die Hände sind nicht mehr kaltschweißig, sondern nur noch ein wenig klamm und zaubern nach einem kurzen Hosenwisch aus deren Tasche mein gekrickeltes Spickerl hervor.
Brot! Das habe ich vorhin beim Eingang gesehen. Brot und Bröter, Brötchen, Brioches, Brezeln, Backwaren von B bis Z. Und da dann das Geräusch. Kein kollektives Rauschen, sondern eher ein „Fitt-tschick“, „Fitt-tschick“, „Fitt-tschick“. Das Fitt-tschick kommt von einem Gerät. Also nichts zum Raten, sondern halt so eine Maschine. Die Maschine schneidet ein Brot und derjenige, der die Maschine bedient, ist ein Kunde. Ein Kunde wie ich. Eine Maschine zum Selbstbedienen. Für Kunden. Wie mich. Eine Maschine für mich!
Die Frage, ob Knäcke-, Fladen- oder Schnittbrot hätte mich vielleicht vor ein paar Minuten noch ein paar Minuten Entscheidungsschweiß gekostet. Jetzt jedoch ist Entdecker-

geist gefragt! Also ein frisches Brot – das direkt über der Schneidevorrichtung – locker positioniert (ich bin ein guter Beobachter), Knöpfchen gedrückt und es geht los: Fitt-tschick, Fitt-tschick. Das geschnittene Brot (wie gut das riecht!) versenke ich mittels der Spezialvorrichtung mühelos in einer Papiertüte. Fein! Das macht Spaß! Und apropos fein: wie ich jetzt sehe, kann man die Scheibendicke einstellen, also probiere ich auch mal „grob". Solch grobe Worte stehen natürlich nicht auf der Maschine. Dort stehen nur Zahlen, die ja im Allgemeinen nicht solch ein Potential an Grobheit bieten wie Worte. Also irgendeine hohe Zahl zwischen 13 und 15. Damit müsste man ja eigentlich auch ein Baguette in annehmbare Scheiben schneiden können. Fitt-tschick, Fitt-tschick! Klappt prima. Und wenn man ein Rosinenbrot in ganz feine Scheiben schneidet? Fitt-tschick! Sogar die Trockentrauben werden sauber durchtrennt. Sehen ein wenig albern aus, die dünnen Scheibchen. Würden wohl besser zu einem Brötchen oder dieser Laugenbrezel passen. Fitt-tschick, Fitt-tschick! Und dieses neuseeländische Kartoffelkäsebrot? Fitt-tschick! Und das doppelt gemalzte kaukasische Gerstenbrot? In verschiedenen Stärken? Na, klar! Alles fitt! Was passiert eigentlich, wenn ich dieses geschnittene Kastenbrot um 90 Grad drehe und noch mal aufs Knöpfchen … Fitt-tschick! Etwas schwieriger in die Tüte zu bekommen, die leckeren Brotstifte. Schade, sonst hätte man ja auch an kleine Würfelchen denken können. Ob die Maschine auch Käse schneidet? Langsam habe ich bis auf das Marzipanbrot alle Brotsorten durchprobiert oder eher durchschnitten. Für einen durchschnittlichen Einkauf eher etwas viele Kohlehydrate. Der Einkaufswagen wirkt mit diesem Brotberg auch schon eher gut gefüllt, und ich habe das Gefühl, nicht mehr alleine an der Maschine zu stehen. Da ich ein netter und zuvorkommender Mensch bin, lächle ich meinen Mitkunden freundlich zu und überlasse meinen Platz dem nächsten Schnitter – wahrscheinlich muss er sich erst einmal einarbeiten. Ich steuere meinen elegant rollenden Einkaufskorb (es muss wohl doch einer dieser total tollen, todschicken Neuwagen gewesen sein) schnittig in den hinteren Ladenbereich. Dort lasse ich schweren Herzens und mit „stille Nacht, heimliche Nacht“ im Ohr den flotten Raser mit meinem Einkaufschip zurück, und gehe nur mit den Kartoffelchips in der Hand zur Kasse. Die standen ja schließlich am Ende meiner Einkaufsliste – Ende gut alles gut!

Draußen frage ich mich nur, ob man diese Kartoffeln nicht auch selbst hätte schneiden können – Fitt-tschick, Fitt-tschick ...

**Weihnachtsapfel**
Gerda Steger

im Ast der Zeit ein rot
süßes Glühen,
ein kleines Licht er-
greifendes Verlangen hält
den Atem der Liebe,
dieses Weihnachtsapfelrot,
sinnlich dir entgegen

**Der Weihnachtsbaum**
Jade Marie Ernst

Strahlend, wie ein schöner Traum,
steht vor uns der Weihnachtsbaum.
Seht nur, wie sich gold'nes Licht
auf der zarten Kugel bricht.
„Frohe Weihnacht“ klingt es leise
und ein Stern geht auf die Reise.
Leuchtet hell vom Himmelszelt –
hinunter auf die ganze Welt.

## Das Weihnachtsfest zur Kinderzeit

Dietrich Wilhelm Grobe

In meiner Kindheit – sie liegt jetzt etwa 80 Jahre zurück – feierte unsere kleine Familie (Vater, Mutter, Dackel Peter und ich) das Weihnachtsfest nicht in Duisburg-Meiderich, dem Wohnort, sondern in Göttingen, bei den Gärtner-Großeltern. Erwartungshaltung und Vorfreude ließen die damals lange Bahnfahrt kurzweilig werden. Den Dackel neben mir auf einer Seite, Bilderbücher auf der anderen, genoss ich die Reise, bestaunte auf den Bahnhöfen die Menschenmengen, die Zeitungs- und Getränkeverkäufer wie die „amtlich" bemützten Gepäckträger.

In Göttingen holten uns die Großeltern vom Zug ab. Herzliche Begrüßung bei Mensch und Tier. Peter und Tello, letzterer ein Mischlingshund der Großeltern, erkannten sich wieder. Füßlings ging es dann durch die Stadt, bis wir das Gärtnerhaus erreichten. Hier duftete es schon nach Gebackenem, der Adventskranz hing im Flur, das Weihnachtszimmer war verschlossen. Bei vielen Erzählungen in der Großküche erholten wir uns von der Fahrt. Die beiden Hunde schliefen in ihren Körbchen.

Am Morgen des Heiligen Abends besuchte ich mit dem Großvater die Gewächshäuser. Mittags gab es ein bescheidenes Mahl. Am Nachmittag rüstete man sich zum Kirchgang. Damals stapften wir noch durch hohen Schnee, bekufte Kutschen glitten auf den Straßen dahin, Glöckchen, am Pferdegeschirr befestigt, läuteten hell.

Im Gotteshaus bestaunte ich die hohen Weihnachtsbäume, die waren vom Großvater ausgesucht worden. Die Predigt erschloss sich mir nicht, doch enthielt sie die Weihnachtsgeschichte, mir lieb und vertraut. Von der Orgelempore herab sang die Stadtkantorei; ich ahnte nicht, dass ich später mitsingen würde, so etwa beim Weihnachtsoratorium von Johann Sebastian Bach.

Nach dem Gottesdienst ging es heimwärts zum Abendbrot.

Peter, Tello und ich verharrten dann längere Zeit in der Küche, während die Erwachsenen verschwanden. Endlich läutete im Flur die Weihnachtsglocke. Die Hunde und ich stürmten ins Weihnachtszimmer.
Wir bewunderten den mit brennenden Kerzen, Lametta und glänzenden Kugeln geschmückten Baum, dessen Zweige gut verpackte Geschenke bedeckten. Vor der Bescherung wurde gesungen. Die Mutter begleitete mit ihrer alten, schlesischen Laute, der Vater mit seiner Geige. Vertraute Weihnachtslieder füllten den Raum.
Nun ging es ans Aufdecken der Gaben. Für mich war stets ein Buch dabei. Meine Teddybären hatten neue Gewänder bekommen. Die Tiere verschwanden auf geheimnisvolle Weise vor dem Fest. Ich hatte die nähkundige Großmutter in Verdacht, himmlischen Helfern Beistand geleistet zu haben. Die Weihnachtskrippe war durch weitere Hirten, Schafe und die Heiligen Drei Könige bereichert worden. Hier half wohl der im Holzschnitzen erfahrene Großvater mit. Die Erwachsenen beschenkten sich gegenseitig, ich steuerte kleine Basteleien und Zeichnungen bei. Auch die Hunde gingen nicht leer aus: für jeden lag ein Würstchen bereit.
Mit Erzählen verging der Abend schnell, erst spät holte uns der Schlaf ein. Vom Großvater wusste ich, dass er noch einmal die Gewächshäuser aufsuchte, um nach der Heizung zu sehen. In meinen Gedanken und Träumen wünschte er seinen pflanzlichen Lieblingen ein gedeihliches Fest.

**Einsam**

Betti Fichtl

Im Raum spielt
Weihnachten sich
Auf dem Bildschirm ab
Ein Tannenzweig nur
Mit alten Kugeln
Hängt an der Wand.

Auf dem Tisch füllen
Gekaufte Plätzchen die Schale
Und du sitzt da
In deinen Augen schimmern Tränen.

Sie ist gegangen
Die Begleiterin deines Lebens
Nun bist allein
Wie traurig muss
Weihnachten für dich sein.

## **Besinnliche Weihnacht**
Kristina Klabes

Geschenke
unterm Christbaum liegen,
die Kinder
sind nicht ruhig zu kriegen,
die Spannung steigt,
wer weiß wohin,
verfliegt im Orbit,
sonst wohin.

Die letzten Vorbereitungen laufen,
ein Geschenk fehlt –
schnell noch eines kaufen,
und bis man endlich fertig ist,
ist jeder gründlich durchgeschwitzt.

Nun setzt man sich
erschöpft zum Essen,
da fällt es auf:
es wurd' der Opa ganz vergessen!
Einer springt auf, den Opa zu holen,
während im Ofen
die Pommes verkohlen.

Zu guter Letzt
sind alle beisammen,
draußen gießt es wie aus Kannen,
doch jetzt, ja, jetzt,
feiern alle ganz glücklich
das besinnliche Weihnachtsfest.

## Weihnachten auf dem Mars

Julie Janina Pace

Dies war das erste Weihnachten, welches die Crew des Raumschiffes „Explorer 357“ auf dem Mars verbringen musste. Captain Valiente war nicht erfreut über diese Tatsache, doch er versuchte, stets das Beste aus einer Situation zu machen. Er beschloss, dem Raumschiff einen etwas weihnachtlicheren Touch zu verleihen. Ein paar leere Essensbehälter in den Farben blau, gelb und rot wurden zu Christbaumkugeln und der alte große Behälter für die Raumanzüge musste als Weihnachtsbaum herhalten. Stunden verbrachte Valiente damit, den Gemeinschaftsraum zu schmücken.

Seine Crew, die aus fünf Männern und einer Frau bestand, war zwischenzeitlich auf einer Außenmission. Sie setzten, wie jeden Tag seit dem Absturz, das Notlicht auf. Dieses Licht konnte so hell scheinen, dass man es von der Erde aus sehen konnte. In der Hoffnung, die Menschen dort würden dieses Signal verstehen, machte sich die Crew täglich auf den Weg zu einem Ort, der von ihrer Heimat aus gesehen werden konnte. Doch es hatte sich bisher nichts geändert.

Kein Kontakt zur Erde konnte hergestellt werden. Keine Hilfe schien zu kommen.

Sieben Menschen, die ganz allein auf dem Mars ums Überleben kämpften. Die Stimmung zwischen den Crewmitgliedern war angespannt und langsam aber sicher verloren sie den Glauben daran, gerettet zu werden. Valiente gab sein Bestes, um die Moral aufrecht zu erhalten und er ging davon aus, dass ein kleines Weihnachtsfest Aufheiterung verschaffen könnte.

Als schließlich die Crew zur Explorer zurückkehrte, staunte sie nicht schlecht.

„Captain? Warum liegt hier der ganze Müll rum? War Ihnen denn wirklich so langweilig, dass Sie angefangen haben, Müllskulpturen zu basteln?“, fragte Crewman Schäfer. Er

erkannte nichts Weihnachtliches an dem improvisierten Christbaum.
Valiente eilte aus dem Nebenraum herbei. Er war gerade fertig geworden.
„Na, aber wisst ihr denn nicht, was heute für ein Tag ist?"
Die Crewmitglieder sahen sich fragend an. Keiner bis auf Valiente hatte die Tage gezählt.
„Es ist Weihnachten! Zumindest sollte auf der Erde gerade Weihnachten gefeiert werden. Also habe ich einen Weihnachtsbaum gebastelt und geschmückt." Stolz zeigte er auf sein Werk.

Ohne ihrem Captain weitere Beachtung zu schenken, verließen die Crewmitglieder kopfschüttelnd den Gemeinschaftsraum. Sie waren nicht begeistert von der Idee, Weihnachten auf dem Mars zu feiern. Im Gegenteil. Der Gedanke daran, wie ihre Familien gemeinsam die Festtage verbringen konnten und lachten und sich beschenkten, stimmte die Mitglieder traurig und sogar ein wenig wütend.
Valiente verstand nicht, was er falsch gemacht hatte. Wieso hatte die Crew so schnell den Mut verloren? Sie waren doch erst 149 Tage auf dem Mars und es gab noch genügend Vorräte für weitere 149 Tage. Bis dahin würde er eine Lösung gefunden haben, da war er sicher. Er arbeitete schon seit dem Absturz an einem Plan, der die Crew zurück nach Hause bringen sollte. Das Raumschiff war zwar noch stark beschädigt, doch bald würde er es reparieren können. Da war er so sicher, wie ein Captain sich sicher sein konnte.

Etwa eine Stunde war vergangen seit der Rückkehr der Crewmitglieder und Valiente saß seitdem allein vor seinem Weihnachtsbaum. Er hatte sich einen Beutel mit Kakao genommen und einen mit Keksen und dachte darüber nach, was er gegen die schlechte Stimmung tun sollte. Es war doch Weihnachten! Kein Tag, an dem man Trübsal blasen sollte. Auch dann nicht, wenn man auf dem Mars festsaß.

Plötzlich traten einer nach dem anderen in den Raum und die Crew nahm neben dem Captain Platz. Man bediente sich an den letzten Keksrationen und an den Kakaobeuteln und mit der Zeit schien sich die schlechte Laune zu verziehen. Gespräche begannen und man konnte meinen, es sei ein ganz normales Weihnachtsfest. Lieder wurden gesungen und bald konnten die Mitglieder sogar wieder lachen. Valiente freute sich darüber, dass die Crew für den Moment alle Sorgen vergessen konnte.

„Captain, glauben Sie an ein Weihnachtswunder?"
„Natürlich."
„Und denken Sie, dass der Weihnachtsmann auch hier auf dem Mars vorbeikommt mit seinem Schlitten und Geschenke verteilt?"
„Natürlich."
Auch wenn die Crew diesen Optimismus nicht teilte, versuchte sie, an das Wunder der Weihnacht zu glauben. Mit dem Gedanken an ihren sehnlichsten Wunsch legten sie sich spät in der Nacht schlafen.

In den frühen Morgenstunden wurden die Mitglieder an Bord der Explorer von einem heftigen Wanken des Schiffs geweckt. Kurz darauf folgte ein lauter Knall. Die Tür des Raumschiffes wurde geöffnet und eine fremde Gestalt betrat den Gemeinschaftsraum. Valiente war der Erste, der es aus seinem Zimmer schaffte. Noch halb im Schlaf rannte er auf die Gestalt zu. Träumte er etwa noch oder stand da wirklich jemand vor ihm? Der Fremde trug einen Raumanzug und nahm soeben seinen Helm ab. Ein älterer Herr mit weißem Bart und Haar stand mit einem breiten Lächeln vor dem Captain.
„Valiente! Endlich haben wir Sie gefunden. Sagen Sie ihrer Crew, es geht ab nach Hause!"

So geschah das Weihnachtswunder, welches die Crew der „Explorer 357" zurück nach Hause brachte. Natürlich war der

Raumfahrer, der die verlorenen Crewmitglieder vom Mars abholte nicht der Weihnachtsmann gewesen, auch wenn er so aussah. Der Weihnachtsmann wäre ja auch nicht in einem riesigen Raumschiff unterwegs gewesen, sondern in seinem Schlitten mit den Rentieren. Und natürlich war es reiner Zufall gewesen, dass die Crew genau an Weihnachten gerettet wurde. Oder?

**Geschenke vom Winter**
Anita Angheloiu

Ich wünsche mir,
dass du den wunderbaren Klang
der Schneeflocken hörst,
wenn sie zu Boden fallen.

Ich wünsche mir,
dass du die schillernden Farben
der Eiszapfen schmeckst.

Ich wünsche mir,
dass du den süßen Duft
der Eisblumen
an deinem Fenster verspürst.

Ich wünsche mir
eine starke Eisdecke,
die niemals zerbricht
und dich
auf deinem Lebensweg trägt.

Ich wünsche mir,
dass du noch heute
den Stern von Bethlehem
am Himmel siehst.

Ich wünsche mir - für dich
den größten Platz
in deinem Herzen,
um sein Licht
darin einzufangen.
Damit es denen leuchtet,
die sonst im Dunkeln leben.

**Kinderzeit und Weihnachtsfreude**
Dietrich Wilhelm Grobe

Wert erlebter Kinderzeit
ist nicht zu ermessen;
bleibt mit Freude und mit Leid
stetig unvergessen.

Erst nach Flucht vor Kriegsgescheh'n,
heimatlos, verfremdet,
mussten wir uns eingesteht,
dass jetzt Kindheit endet.

Auch so manche Bombennacht,
tief in Luftschutzräumen,
hat mit Ängsten uns bedacht,
oft in wirren Träumen.

Hoffen wir, dass solche Schmach
kehrt nicht mehr zurück,
und dass wir trotz Ungemach
spüren neues Glück.

Und die Kinderweihnachtszeit –
ging sie ganz verloren?
Zukunft braucht Vergangenheit –
beides sei beschworen!

## Der Weihnachtsmann braucht eine Pause

Alexander Patrizky

Nach all den Strapazen, die er schon hinter sich hatte, war dem Weihnachtsmann nach einer Pause. Auch war er um seine Rentiere besorgt, die ihn und seinen Schlitten nun schon stundenlang ohne Rast gezogen hatten. Noch war der Schlitten jedoch mit vielen Paketen, die noch abzuliefern waren, beladen. Aber unter seiner rotweißen Weihnachtsmannmütze hatte sich bereits nasser Schweiß gebildet, seine Kehle war trocken und dem Himmelsboten war nach einer Erfrischung.
Als er die kleine Ortschaft Falkenburg mit Geschenken versehen hatte und ihn seine Rentiere durch die Lüfte zum nächsten Flecken zogen, entdeckte er unter sich eine hellerleuchtete Autobahnraststätte. Kurzerhand befahl er seinen Nordtieren, in einen Sinkflug überzugehen, eine große Schleife zu drehen und auf dem Parkplatz der Raststätte zu landen. Besorgt, wie ein Weihnachtsmann nun mal ist, versorgte er erst sein Vierergespann mit Heu und Wasser und stapfte dann auf die Raststätte zu. Vor dem Eingang waren eine Menge Motorräder abgestellt, was den Weihnachtsmann wunderte, denn ihm war bekannt, dass die Winterzeit nicht unbedingt Motorradzeit war.
Aus dem Gastraum drangen laute Männerstimmen. Eine wohlige Wärme empfing den Rotberockten, als er die Tür öffnete. Er musste seine Mütze lüften und sich den Schweiß von der Stirn wischen. Der Weihnachtsmann ging an die Speisenausgabe und bestellte sich einen Kaffee und zwei halbe Mettbrötchen. Die Bedienung sah ihn verwundert an, bis ein leichtes Grinsen über ihr Gesicht huschte.
„Gutes Kostüm“, sagte die junge Frau und schob ihm den Teller mit den Brötchenhälften rüber.
„Das ist kein Kostüm“, erwiderte der Weihnachtsmann empört und schüttelte verständnislos den Kopf. Er nahm den Teller und den Kaffeebecher und schlurfte in den Sitzbereich, um sich einen freien Tisch zu suchen. Die lauten Männerstimmen

verstummten. Es herrschte stilles Schweigen, alle Augen waren auf ihn gerichtet, bis die grelle Stimme der Bedienung die Stille durchschnitt: „He, Sie müssen noch zahlen!“
Lautes Gegröle und Gelächter schallten durch die Raststätte. Der Weihnachtsmann war verunsichert. Bezahlen? Womit sollte er bezahlen? Er war der Weihnachtsmann, der brauchte nicht zu bezahlen, der hatte alles frei. Außerdem, was bedeutete das: bezahlen? Vor ihm standen kräftige, lederbekleidete, bärtige Männer, die aus lautem Halse johlten, ihm am Bart zogen, seinen Rock befummelten.
„Oi, Alter, geiles Outfit“, schall ihm entgegen.
Der Weihnachtsmann konnte sich nicht wehren, da er mit beiden Händen sowohl Teller als auch Becher trug. Die Männer umringten ihn, machten sich über ihn lustig. Dazu kam jetzt die Serviererin und forderte ihn auf, an die Kasse zu kommen. Der Himmelsmann war vollkommen verwirrt.
„Lass man stecken, Alter, wir machen das schon“, grölte jetzt einer und lachte aus vollem Hals. Ein mächtiger Arm legte sich um die Schulter des Weihnachtsmannes und zog ihn zu der Gruppe dieser Ledermenschen. „Setz dich zu uns“, wurde er aufgefordert, ohne dass er eine Chance hatte, sich zu widersetzen.
„Wo kommst du denn jetzt her?“, fragte ihn der mit den kräftigen Armen. Die Männer starrten ihn an, grinsten und lachten, rückten dicht an ihn ran.
Der Weihnachtsmann zeigte verängstigt mit dem Zeigefinger nach oben. Darauf brach erneut schallendes Gelächter aus.
„Der kommt aus der Klappse“, lachte einer. Ein anderer vermutete: „Der hat sich verlaufen. Ist aus dem Altersheim entflohen.“ Noch ein anderer wollte ihm jetzt unter dem tosenden Beifall der anderen die Kleider vom Leibe reißen. Die Mütze hatten sie ihm schon weggenommen. Da kam die junge Servicekraft dazu und schrie: „Aufhören! Lasst den Mann in Ruhe!“
Für einen Moment herrschte Ruhe. Die Meute sah die junge Frau überrascht an. Doch dann grölten die Biker wieder los,

zogen die sich wehrende Bedienung in ihren Kreis und fummelten an ihrer Kleidung rum.
Das war dem Weihnachtsmann zu viel. Er stand auf, packte den Rädelsführer am Arm, drehte diesen auf dessen Rücken und warf ihn auf den Boden. „Schluss jetzt!“, schrie er, „Aufhören! Was seid ihr für Rabauken. Ich sorge dafür, dass ihr keine Geschenke bekommt!“
Es dauerte ein paar Sekunden, bis sich die Rocker von ihrem Schreck erholt hatten, dann aber johlten sie wieder los und machten sich erneut über den Himmelsboten lustig. Aber sie ließen ihn und die junge Frau in Ruhe, machten nur Drohgebärden, zeigten ihnen den ausgestreckten Mittelfinger.
Der Weihnachtsmann zog sich mit seinem abgekühlten Kaffee und den Mettbrötchen in eine Ecke des Gastraumes zurück. Dort trank er seinen Kaffee, aß die Brötchenhälften und wollte sich auf den Weg machen. Da aber fiel ihm ein, dass die Burschen ihm seine Mütze stibitzt hatten. Also nahm er all seinen Mut zusammen und ging auf die Gruppe zu. Erstaunte Augen erwarteten ihn. Dann verhöhnten die Wilden ihn wieder, wollten die Mütze nicht rausgeben. Einer hatte sie sich zur Gaudi der anderen aufgesetzt und wackelte mit dem Kopf hin und her, dass die Zipfelmütze mit dem Bommel kreisende Bewegungen machte. Das Gelächter der anderen dröhnte durch den Raum.
„Gut“, sagte der Weihnachtsmann, „Ihr werdet sehen, was ihr davon habt. Ich sage nur: keine Geschenke.“ Die Verhöhnung war ihm gewiss.
Er drehte sich um, ging mit seinen unbemützten weißen Haaren dem Ausgang zu, drehte sich noch einmal um und zeigte nun seinerseits der Meute den ausgestreckten Zeigefinger. Daraufhin sprangen die Männer auf und machten sich an die Verfolgung des Gabenbringers. Der aber hatte den Außenbereich schon erreicht, stutzte einen Moment, als er die aufgereihten Motorräder sah, trat kräftig gegen das vordere, dass wie in einer Dominosteinreihe die Krafträder umkippten, und eilte zu seinem Schlitten. Gerade, als er die Zügel in die

Hand nahm, stürmte die Meute heraus. Der Weihnachtsmann schnalzte mit der Zunge, seine Rentiere hoben ab, drehten auf die drohenden Rocker zu, flogen im Tiefflug über sie hinweg, sodass diese sich auf den Boden werfen mussten, und zogen in die Höhe. Verblüffte und staunende am Boden liegende Kerle sahen ihnen nach.

**Weihnachtsatem**
Gerda Steger

knisterndes Verlangen heute noch
nach einer Dose voll Liebe,
(der unersetzbar blauen mir)
die mit Windmühlen, Antjes Lächeln in Holzpatinen
den Advent meiner Kindheit zeichnete

immer wenn Dezemberhimmel glühten,
hüteten Großmutters Hände gebackene Kekse,
diesen Duft zitronengelber Monde
und Sternen. Geflüster fern
in dieser mir unersetzbaren Dose
fieberte mein Weihnachtshimmel!

## Werden Wünsche wirklich wahr?

Annette Glanzer-Fischer

Stress und Hektik schon seit Wochen,
rote Nasen, Engelshaar,
Tausend Kinderherzen pochen.
Werden Wünsche wirklich wahr?

So manch treue kleine Seele
hofft auf einen kurzen Blick.
Doch das Christkind zu erspähen,
wär das allerhöchste Glück.

Soll doch durch die Lüfte fliegen,
rein in jedes traute Heim.
Platt gedrückte Kindernasen.
Oh, du braves Christkindlein.

Und ein Hoffen und ein Sehnen
raunt gar sacht durch Stadt und Land.
Sind dem Christkind meine Wünsche
denn auch wirklich wohl bekannt?

**aus Licht & Liebe**
Gerda Steger

Weihnacht kommt und geht
in altneuen Kinderschuhen,
erhellt mit nachgiebiger Atmosphäre
mein Heute immer noch

dieser süße Geschmack in Herz & Mund
die Erinnerung an die Weihnacht von
Morgen mir golden versiegelt

ich taste grüne Duftklänge
im Tannengeflüster wieder-
kehrender Freude & Vergehen alle Jahre
wieder Augen, Hände voller Sterne

## Zufriedene Weihnachten

Brigitte Schaefer

Dass Menschen im hohen Alter aufgrund ihrer -zigjährigen Erfahrung und noch Lebenserwartung abgeklärter erscheinen, ist bekannt, bezieht sich jedoch jeweils auf das eigene Naturell und die überlieferten Gene.

Als junger Mensch wurde mir dieses erstmals bewusst.

Meine Eltern luden immer alleinstehende Menschen zu Heilig-Abend ein, so auch eine ältere Professoren-Witwe, kinderlos, die, durch ihr Kommen und Wesen, stets den Abend bereicherte.

Als sich jedoch körperliche Beschwerden einstellten, bat sie zu verstehen, dass sie doch besser in ihrer Umgebung aufgehoben sei und sich abends nicht mehr gerne außerhalb ihres Hauses aufhalten wolle, obwohl sie immer abgeholt wurde. Ihr Wunsch wurde beachtet.

Sie nahm aber gerne das Angebot an, dass ich ihr das alljährlich gleiche Festmahl bringen dürfe. Das Essen, warm verpackt, wurde mir zum Transport übergeben.
Es war wohl eine Nachbarin, die mir die Tür öffnete. Und als ich das gemütliche Wohnzimmer betrat, erlebte ich einen Moment, der sich bis heute tief in meine Erinnerung einprägte.

Die alte Dame saß, beschaulich und bemerkenswert zufrieden, im einen erhöhten Stuhl am Tisch, ein Gedeck verriet das angekündigte Weihnachtsessen, ein Gläschen Wein stand schon bereit. Aus einem holzverkleideten Radio erklangen bekannte Weihnachtslieder. An einem kleinen, aber sehr liebevoll geschmückten Tannenbaum brannten sogar echte Bienenwachskerzen und strömten einen heimeligen Duft in den Raum, daneben ein bunter Plätzchenteller. Auf einem mit weihnachtlichen Motiven, mit Kreuzstich gestickten Deckchen, damals oft eigene Heimarbeit, lagen unzählige Briefe, teils schon geöffnet, sowie viele bunte Weihnachtskarten, Zeugnis der Verbundenheit dieser liebenswerten mit der Außenwelt Kontakt haltenden Professorenwitwe.

Ich hielt, diesen Augenblick genießend, den warmen Teller fest in der Hand, die Nachspeise im Korb, als mich die Weißhaarige bemerkte und sich bald danach erfreut, sowohl genussvoll dem überbrachten Essen zuwandte. Währenddessen blieb ich bei ihr, genoss regelrecht diese heimelige wohltuend ruhige Atmosphäre, versorgte das mitgebrachte Geschirr, verabschiedete mich herzlich und wusste sie in ihrer Weihnachtsidylle gut aufgehoben.

Mein Weihnachtsabend im Familienkreise hatte an Bedeutung gewonnen, mit der Überzeugung, wenn selber mal älter, ich mir immer einen Weihnachtsbaum schmücken würde.

So ist es!

**Heilige Nacht**
Renate Düpmann

Wie in der Mutter warmen Armen,
wie an des Vaters starker Hand,
wie ein Kokon aus Urvertrauem
ist die Botschaft dieser Nacht.

Empfangen und sorgsam verwahrt,
stärkt sie in dunkelsten Stunden,
ganz gleich, was kommen mag.

## Weihnachten

Betti Fichtl

Heilige Nacht –
In hellen Kirchen
Der alten Lieder
Vor strahlenden Tannen
Am Altar.

Die Stunden
Der Engel
Sie sprengen Herzen
Zur Quelle
Der Liebe
Im Miteinander.

Auf den Kommerz
Fällt Licht.

## Lieferschwierigkeiten

Bernd-Peter Liegener

Es nannte sich Krisensitzung. So etwas hatte sich seit Jahren, Jahrzehnten, ja Jahrhunderten nicht zugetragen. Streik! Streik bei den Rentieren. Klingt ja auch nicht so, als hätten wir es schon oft in der Zeitung gelesen, oder? Doch jetzt war es Realität geworden, dort im Norden. Im hohen Norden, wo der Weihnachtsmann schon seinen Schlitten mit unendlich hohen Türmen von Geschenken beladen hatte, stand nun Knecht Ruprecht mit ebenso unendlich dummem Gesicht sowie dem Zaumzeug in der Hand vor ihm und zuckte hilflos seine gewaltigen rußgeschwärzten Schultern. Streik! Die beiden standen im Kreis um den ungezogenen Schlitten herum und nannten das Krisensitzung.

Die Argumente der Rentiere lagen auf der Hand und standen auf den von der Tierdemo zurückgebliebenen Schildern und Transparenten:

Weihnachten sei das Fest der Liebe und nicht der Geschenke, stand dort von frechem Huf geschrieben.

Die Adressaten seien übersättigt, verwöhnt und undankbar, schlängelte sich die Unzufriedenheit über ein langes Spruchband.

Und immer wieder: „Weniger GpR!"

Das war natürlich absurd, da niemals jemand ausgerechnet hatte, wie viele Geschenke pro Rentier auf dem Schlitten lagen. Aber wenn Rentiere erst mal angefangen hatten, zu protestieren …

So standen also Knecht und Klaus vor einer Menge fester, einigen flüssigen und vor allem vielen überflüssigen Geschenken und schwiegen sich sprachlos an. Das nannten sie Besprechung. Da hatte Ruprecht, den man für einen eher einfältigen und ideenarmen Prügelhelfer hätte halten können, eine großartige … Leere im Kopf. Niko, der es einfach nicht fassen konnte, dass etwas anders war, als es immer war und fast immer schon gewesen war, tat das einzige, was ihm in seiner Lösungslosigkeit einfiel. Er fing an, zu jammern. Ein intellektuell anspruchsvolles, wohl durchdachtes und vollkommen ziel- und sinnfreies Jammern.

„Oh weh! Da verlässt man sich auf ein altgedientes Transportmittel samt tierischem Personal, und jetzt gibt´s ausgerechnet zu Weihnachten einen Lieferstopp, nur weil die blöden Viecher streiken!“
„Stimmt“, brummte Knecht Ruprecht.
„Selbst, wenn wir beide an einem Strick respektive Geschirr ziehen, schaffen wir es ohne tierische Unterstützung niemals, diesen Geschenkeberg vorwärtszubewegen.“
„Genau“, grummelte Knecht Ruprecht.
„Dabei müsste es doch gar nicht so sein. Andere Geschenkelieferanten haben eine komplett andere Logistik und müssen sich nicht auf die Zuverlässigkeit ihrer Zugtiere verlassen.“
„Eben“, murrte Knecht Ruprecht.
„Denk doch mal an den Osterhasen! Muss der sich etwa Sorgen um seine Rentiere machen?“
„Hmm“, verstand Knecht Ruprecht immer noch nichts.
„Der Osterhase hüpft einfach mit seinem Körbchen durch die Gegend – hopp, hopp – und schon sind überall Eier versteckt. Der braucht keine Hilfe!“
„Osterhase, Hilfe“, fasste Knecht Ruprecht zusammen.
„Wie? Oh, Rupi, ja, du bist genial! Genau – wir holen uns Hasi zu Hilfe!“
Und ehe sein Gehilfe sich noch zu einem „Häh?“ durchringen hätte können, hatte der Weihnachtsmann auch schon einen Engel losgeschickt.

Engel waren ein ungeheuer praktisches Kommunikationsmedium. Kaum hatte man sie losgeschickt, schon waren sie am Ziel, selbst wenn man gar nicht wusste, wo dieses eigentlich lag. In diesem Fall lag das Ziel, nämlich der Osterhase, gemütlich in einer Schneekuhle des Winterwaldes, knabberte an einer Wintermöhre und ließ sich von der Osterhäsin das Winterfell kraulen.

„Fürchte dich nicht!“, sagte der Engel.
„Warum sollte ich mich fürchten?“, fragte der Osterhase, der ja nun wirklich nicht zum ersten Mal einen Engel sah. Übrigens sah der auch keineswegs furchterregend aus.
„Ach so, ja, äh, alte Gewohnheit. Sagt man so“, stammelte der Engel und verplapperte wertvolle Geschenkelieferzeit.
„Also, was gibt es?“, fragte der Hase, dem schwante, dass der Rentierstreik etwas mit diesem Besuch zu tun hatte. Den langen Ohren des Osterhasen blieb nämlich nur selten etwas verborgen. Am liebsten hörte er Unerhörtes.

Schnell war er informiert und schnell war er beim Weihnachtsmann, den er schnell beruhigen konnte. Hasen sind schnelle und Osterhasen sehr schnelle Tiere. Selten hatte man einen erleichterteren Weihnachtsmann gesehen!
„Aber schön unter den Baum legen und nicht verstecken“, steckte er ihm noch aufatmend, während er die letzten Geschenke gemächlich ins magische Körbchen steckte. „Am besten gelangst du durch den Kamin in die Wohnzimmer.“ Warum das auch bei zentralbeheizten Wohnungen funktionierte, war ihm selbst immer ein Geheimnis geblieben.
„Ho, h…“, wollte er noch zum Abschied sagen, aber da war das flinke Häschen auch schon – hoppel di doppel – mit einem dreifachen Haken in Richtung Süden und Schornsteine verschwunden.

„Vielleicht“, sagte sich der Osterhase, als er in Rekordzeit alle Päckchen verteilt hatte, „hätte ich doch ein paar Haken weniger schlagen sollen.“ Denn leider waren noch einige unbelieferte Kamine übrig, aber eben keine Geschenke mehr, was den Schluss zuließ, dass jetzt irgendwo im tiefen Schnee des hohen Nordens gut versteckte Weihnachtsgeschenke lagen, die aus seinem Körbchen gehüpft waren. Verstecken lag ihm eben doch eher im Blut, als das blöde Baumgelege. Glücklicherweise ist aber ein Osterhase sehr schnell im Denken (hatten wir das schon erwähnt?) und ebenso glücklicherweise ist ein magisches Osterhasenkörbchen niemals leer.

So kann es kommen, dass dieses Jahr das ein oder andere Geschenk ein wenig an ein Osterei erinnert. Aber schließlich sind wir ja nicht wirklich verwöhnt, oder? Und mal ehrlich: was gibt es Schöneres als ein leckeres frühlingsfrisches Weihnachtsei?

**Weihnachtsgruß**
Gerda Steger

reifbefiederte Zweige fiebern
die Erde wieder Licht
Stern und Baum
sich nennt

so festlich still mir
brennt das Herz ein
Stern der Liebe ich
entzünde Wunder
Kerzen für dich!

**Heilige Nacht**
Betti Fichtl

Sternenhimmel
Über Schneefelder
Und Täler
Im leisen Wind.

Als wären
Sie voller Engel
Die schweben nieder
Und segnen.

Still
Ist die Heilige Nacht
Nach dem
Vergangenen Trubel.

## Extra Gabe zu Weihnachten: Jedem Tierchen sein Präsent-chen

Brigitte Schaefer

Dackel und Jagdhund erhielten immer besonders lange Bock-Würstchen an Heilig-Abend. Der große Hund verschlang sie relativ schnell, während der Dackel gierig in die Mitte biss und dadurch die Wurstenden nach rechts und links flogen. Einen Teil konnte der Kleine erwischen und verzehren, aber wenn er das zweite Ende suchte, hatte sich der Große dessen schon angenommen, so war der Kleine stets auf der Hut, den Übermächtigen auszutricksen, wie es bei Geschwistern oft der Fall ist.

Als der Jagdhund die kleine Weißwurst vom Gabentisch stibitzte, schlich sich der Dackel unterdessen unter den Weihnachtsbaum und labte sich an herunterhängenden Plätzchen, bis der Baum leicht ins Schwanken geriet. Zum Glück war meistens ein menschliches Wesen in der Nähe, man ließ den Kleinen gewähren und hängte ihm zum Ausgleich geeignete Happen in erreichbare Höhe, die wiederum für den Großen schwer erreichbar waren. Tierisch gerechter Ausgleich.

Bei Abwesenheit wurde die Wohnzimmertür vorsichtshalber geschlossen, obwohl die echten Kerzen nur abends angezündet wurden, weil der Baum sich in der Drehorgel bewegte, denn elektrische Strippen hätten ihm zum Roll-Baum befördert, so konnte tagsüber auch der kleine Wellensittich, für eine Weile, seine Weihnachtsfreude erleben, durch die Zweige hüpfen und sich an den für ihn aufgehängten Knabberstangen gütlich tun. Es wurde immer, der Tiere wegen, darauf geachtet, dass der Weihnachtsbaum giftfrei, also nicht gespritzt, war und wurde natürlich nicht mit Lametta behangen, da das bleihaltige Lametta für Tiere zum quälenden Tod führt.

Wenn der Baum geplündert wurde, wurde den Hunden noch einmal etwas Leckeres an die schon nadelfreien Zweige gehängt und die Orgel aufgedreht. Es war ein Spaß für die Jugend, wenn die Vierbeiner mit dem Baum die Runde drehten, um etwas zu erhaschen, während oben in den Ästen der Wellensittich mitunter seinen Wortschatz gebrauchte und die Vierbeiner antrieb: „Noch mal, noch mal, kleine Scheißer.“ Man möge den Ausdruck verzeihen, es ist nicht sicher, ob der Vogel verstand, was er krächzte.

Weihnachtsgeschichten handeln oft um beglückende, aber auch traurig dargestellte, Momente im Tierreich, die besonders in der Weihnachtszeit Gemüter bewegen.
Weit verbreitet, werden Tieren Geschenke gemacht, sinnige und irrsinnige. Vielen Tieren kommt es nie zugute, ebenso wie leider viel zu vielen Menschenkindern nicht.

Wenn wir ihnen aber wohltuende Streicheleinheiten, Aufmerksamkeit und Geborgenheit schenken, nicht übertrieben menschliche Gewohnheiten auf ihnen abladen, dann wird ein zusätzlicher Leckerbissen sicher als besondere Gabe gelten. Wenn sich dadurch unser menschliches Wohl in den Feiertagen steigert, zugleich das Tier die Aufmerksamkeit spürt, dann hat beiderseitige Freude einen Sinn für miteinander froh verbrachte Weihnachten.

Darum: hoffentlich alle Jahre wieder.

**Volleyweihnacht**
Bernd-Peter Liegener

Als Weihnachten in der Stube das Licht ausging
und der Schnee vor den Fenstern zu rieseln anfing,
als das Kind in der Krippe eingeschlafen war
und fast auch die Schäflein, ja Maria sogar,
sprach Joseph zu allen: „Auf jeden Fall
spiel´ ich heute Abend noch Volleyball!“
Und greift, da er beim Bunten Teller steht,
eine Marzipankartoffel als Spielgerät.
Das Räuchermännchen – der phantasielose Wicht – spricht:
„Nette Idee, nur´n Netz ha´m wa nicht!“
Und weil sich´s drauf reimt, da fügt er hinzu:
„Und Licht (hüstel, hust) braucht man auch dazu.“
Darauf Maria, erwacht vom Dösen:
„Das Lichtproblemchen lässt sich lösen:
Wie bei deinen Räucherkegeln
lässt sich das per Streichholz regeln.
Mit Christbaumkerzen – halt mit vielen –
kann man wie im Flutlicht spielen.“
Weil aber´s Räuchermännchen nur nörgeln kann,
fing es wieder zu hüsteln an:
„Doch für das Netz- und Hauptproblem
kann ich keine Lösung seh´n!“

Da war nun keinem mehr zum Lachen!
Was in der Heil´gen Nacht nun machen?
Ein Netz war zweifelsfrei ein Muss –
wahrhaftig eine harte Nuss!
Wie günstig wenn als Spezialist
ein Nussknacker zugegen ist!
Der grinste breit mit weißen Zähnen
Und rief: „Ihr müsst Lametta nehmen!
Ein paar Knoten, ein paar Schlaufen,
fangt schon mal an, euch warmzulaufen!

Hier macht ihr´s fest am Christbaumast,
das Krippendach wird zweiter Mast."
Schon pritscht sich ein, was pritschen kann,
Maria baggern alle an.
Gespielt wird Beach auf Heu und Stroh,
die Hirten kennen das nur so.
Und die Könige? – „Entschuldigung!
Wir sind doch hier zur Huldigung,
drum woll´n wir, statt zu spielen, jubeln
als Cheerleader – mit Christbaumkugeln."
Worauf zuletzt der Esel spricht:
„Ich bin – wie immer – Schiedsgericht!"

**Weihnachtswurst**

Brigitte Schaefer

Jedes Jahr zum Weihnachtsfest
lag ein Weißwürstchen, ne Kleine,
von einem Hof in Niedersachsen,
aus der Ortschaft namens „Meine“,
immer auf dem Gabentisch,
mit roter Schleife, duftend frisch.

Ein Gaumenschmaus,
meistens bestückt mit Essig-Gurke. „Wie verrückt“
denkt der Bayer: „Schier vermessen,
wie kann man SO die Weißwurst essen?“

Entgegen „bayer-frischer“ Art,
schmiert man diese Weißwurst, smart,
kalt auf dunkles Brot, weil fett,
und Saurem, dann verträglich nett.

Mit Namensschild, extra gestopft,
gut verpackt, damit nichts tropft,
lag das Geschenk auf einem Teller.
Vergessen, statt im kalten Keller.

Am Weihnachtstag, vom Tun erholt,
gedanklich schnell die Wurst geholt,
da versäumt am Heilig-Abend,
sollt' kühl lagern, eh sich labend.

Erstaunen, denn, oh, welcher Schreck,
die kleine Runde – einfach weg!
Sofort Verdacht, weil nicht gefunden,
war einfach über Nacht verschwunden.

Schon aufgegessen trotz der Fülle
des Festtagsbratens, voller Hülle?

Entrüstet Aufschrei: „Wie gemein,
die Wurst sollt' doch für später sein.“

Wer nur hatte sie stibitzt,
die Gemüter voll erhitzt!

Wahrhaftig! Kaum zu überseh'n:
das Namensschild – mit Schleife schön –
im Treppenhaus alsbald entdeckt,
im Stufeneck geschickt versteckt.

Dem Namensträger nun bewusst:
die Wurst ist futsch! Ärger – Verdruss.
Wer hat sie wohl mitgenommen?
Dreister Dieb schien längst entkommen.

Verdächtig schnell rennt wer vorbei,
ein Hausgenosse, ob er's sei?
Mit hängenden Ohren! Sichtlich verschreckt –
trotz schlechtem Gewissen sich's Mäulchen schleckt!

Den Täter erwischt – doch heimlich gelacht.
Ihm wurd' schnell verziehen!

Es war doch Weihnacht!

## Nüchterner Weihnachtsmann gesucht

Arno Werth

Unser Haus in der Qstbahnhofstraße war das letzte im Dorf. Das hatte seine Vor- aber auch seine Nachteile. Vorteil war, dass die Skipiste wenige Meter entfernt durch den hügeligen Wald führte, ich es somit nicht weit hatte, wenn wir Kinder uns zum Skilaufen verabredeten. Einer der Nachteile machte sich jeden Heiligen Abend bemerkbar. Während die anderen Kinder frühzeitig ihre Geschenke erhielten, bekam ich als letzter meine Gaben, denn der Weihnachtsmann, der bei uns im Dorf tätig war, kam zu uns ganz zum Schluss.
Damit aber nicht genug. Es war Sitte - oder sollte ich Unsitte sagen? -, dass dieser rotberockte Mann in jedem Haushalt zumindest einen Schnaps zum Aufwärmen bekam. Der finnische Winter ist kalt und ungemütlich.
Kam der Weihnachtsmann mit seinen Gehilfen nun bei uns an, war er stets stockbesoffen. Die ersten Stufen zu unserem Haus waren schon schwierig und so mancher scheiterte bereits dort. Schaffte er jedoch diese Hürde, wurden ihm meistens die beiden Treppenstufen vom Windfang in den Flur zum Verhängnis. Dann saß dieser Mann vor mir, mit verrutschter Maske und lallender Zunge. Mit meinem Älterwerden wich die Angst in wütende Abscheu, bis meine Eltern ein Einsehen hatten und aufgrund meines fortgeschrittenen Alters keinen betrunkenen Weihnachtsmann mehr bestellten. Die Geschenke wurden von nun an in gemütlicher Runde verteilt.

Neulich las ich vor Weihnachten die Inserate in der Zeitung. Ich war berührt an diese Zeit der wankenden Weihnachtsmänner erinnert. Da hatte wohl jemand die gleichen Erlebnisse wie ich und wollte es den Kindern ersparen, die jahrelang erlebte Farce vom Weihnachtsmann ertragen zu müssen. So annoncierte doch tatsächlich jemand: Garantiert nüchterner Weihnachtsmann.

## Jahreszeiten

Brigitte Lehmann

Kalt ist es und schon so dunkel. Keine Freude für einen Spaziergang. Ach, wenn doch bald der Frühling käme. Noch sieht man sich herum, heizt die Wohnung, liest die Zeitung, hört sich täglich die Wetteransage und erwartet das Ende der Winterbekleidung. Ein Schwätzen mit den Nachbarn, die sich ebenfalls nach dem Frühling sehnen.
Endlich haben die warmen Mäntel, die Mützchen und Stiefeln sich hinten im Schrank versteckt. Ja, behaltet diesen Platz, wir brauchen euch hoffentlich ganz lange nicht.

Die Sonne grüßt, das erste Grün blüht, die Blümchen zeigen das Erste Blau. Die Natur erwacht zu neuem Leben. Endlich ist er da, der Frühling! Was für eine Freude! Die Tage werden länger, die Sonne zeigt sich öfters und die Vöglein erfreuen uns mit ihrem Gesang. Alles freut sich. Jetzt geht's zum Spaziergang, die erste Arbeit im Garten, schöne Reisen, die Badeanstalten sind eröffnet. Überall leuchtet es „farbenfroh“. Die Fahrräder werden wieder gebraucht, einfach und bequem. Stolz sitzen die kleinen Kinder auf ihrem ersten Fahrrad. Der Frühling bringt so viel reizvolle Möglichkeiten; Wandern, Feiern, Sport und, und, und!

Hurra dein Nachfolger - „der Sommer“ ist da. Alles zeigt uns der Sommer. Urlaub, Reisen, Camping, „endlich Ferien“ erfreuen sich die Schüler. Reisen in die weite Welt, überall Neues erleben, hoch im Flugzeug, herrlich am Strand liegen, im schönsten Sonnenschein auf hoher See. Achtung, aufpassen, die Sonne schadet der Haut. Oder Treffen im eigenen Garten, feiern und freuen auf Besuch. Viele Erlebnisse werden mit den Freunden, den Nachbarn, den Kollegen ausgetauscht, die Fotos gezeigt. Und schnell vergeht die Zeit. Schon werden die Erstklässler mit der Zuckertüte zur Schule gebracht. So sehr uns der Sommer beglückte, hat er uns auch mit dem

Wetter nicht nur erfreut. Regen, Gewitter mit Blitz und Donner, auch so zeigte sich der Sommer.

Schon zeigt sich der Herbst. Im September erleben wir den Herbstanfang. Was bringt er uns? Es wird kühl und neblig. Der Herbst bringt uns die Tagundnachtgleiche. Es beginnt die Wintersonnenwende. Noch freuen wir uns über das letzte geerntete Obst und Gemüse. Die Bekleidung verlangt Woche für Woche etwas Wärmeres für den Körper. Wer möchte schon krank im Bett liegen? Kinder suchen die Kastanien auf. Zeigt sich der Vollmond, fehlt vielen Menschen das Einschlafen. Es ist dunkel, kalt und alles hat ein Ende. Wo ist die Zeit geblieben?

Nein, nicht wieder den langen kalten, dunklen Winter kommen lassen. Gönnt uns:

*Ein besinnliches Weihnachtsfest*

## Autorenporträts

**Gabriele Anders,** geb. 1948 in Ebersbach/Oberlausitz, wohnhaft in Neustadt, Erzieherin und Kindergartenleiterin, schreibt Gedichte, Teilnahme an Lesungen

**Anita Angheloiu,** geb. 1971 in Ostercappeln, nach Fachhochschulreife als Erzieherin tätig, Lektoratstätigkeit in der ev. luth. Kirche, schreibt seit ihrer Schulzeit Lyrik und Prosa

**Gabriele Bergschneider,** geb. 1953 in Greven, Lehrerin für Textverarbeitung und EDV-Trainerin, als Fachlehrerin in einem Berufskolleg, Autorin v. Gedichten und Geschichten, veröffentl. in div. Anthologien

**Udo Dickenberger**, geb. im oberhessischen Ilbenstadt, philosophische u. naturwissenschaftliche Studien, Aufsätze u. Geschichten in gelehrten Jahrbüchern, Bücher z. Poesie v. sepulkralen u. satirischen Grabinschriften

**Erika Dreßler,** geb. 1945 in Sebnitz-Schönbach, lebt in Neustadt; verfasst Spruchkarten, Spruchbilder; zahlreiche Ausstellungen und Lesungen; mehrere Veröffentlichungen, Broschüren

**Renate Düpmann,** geb. 1953, aufgewachsen in der Lüneburger Heide, lebt an der hessischen Bergstraße, viele Jahre als Kunsterzieherin im Schuldienst, schreibt Lyrik, div. Veröffentl. in Anthologien

**Jade Marie Ernst,** geb. 2003 in Delmenhorst, besucht das Gymnasium in Ganderkesee, sie schreibt gerne phantasievolle Geschichten, liest viel und ihr liebstes Hobby sind Pferde

**Betti Fichtl,** geb. 1941, lebt in Weiden, zahlreiche Veröffentlichungen im In- und Ausland, Gedichte in sechs Sprachen übersetzt, Lyrikpreise, eigene Bücher und Buchreihen; Lesungen

**Annette Glanzer-Fischer,** AHS Lehrerin für Deutsch und Englisch in Wien, Ölmalerei, schreibt seit Jahren Lyrik und Kurzprosa, diverse Ausstellungen und Veröffentlichungen in Anthologien

**Dr. Ines Graudenz,** Diplom Psychologin, Gesprächstherapeutin, langjährige wissenschaftliche Mitarbeit in einem Forschungsinstitut, zahlreiche Veröffentlichungen im Bereich Pädagogische Psychologie

**Dietrich Wilhelm Grobe,** geb. 1931 in Duisburg-Meiderich, lebt in Göttingen, Dipl.-Bibliothekar, Veröffentlichungen in Anthologien u. Fachzeitschriften; Beiträge in Rundfunk und Fernsehen

**Bruna Häcker,** geb. 1948, das Schreiben von Geschichten für Kinder und Erwachsene ist ihre Leidenschaft, diverse Veröffentlichungen in Anthologien, Kinderbuch „Der kleine Gerson“ erschien im Mai 2014

**Kristina Klabes,** geb. in Mecklenburg-Vorpommern, lebt und arbeitet im sozialen Bereich in Hamburg, schreibt seit 2010 Gedichte und Geschichten, erster Gedichtband „schlicht und einfach“, div. Veröff.

**Brigitte Lehmann,** geb. 1935, lebt in Jüterbog, studierte Staats- u. Rechtswissenschaft u. Ökonomie, war tätig im Landesamt Potsdam für Datenverarbeitung und Statistik; schreibt autobiografische KGs

**Evelyn Lenz**, geb 1953 in Berlin, studierte Germanistik u. Skandinavistik, Mitglied der Literaturgruppe Tempelhof, hat 1 Roman und 1 Sachbuch, sowie diverse Gedichte und Prosa geschrieben

**B.-P. Liegener,** geb. in Berlin, begeisteter Hobby-Sprachler, schreibt Gedichte, Geschichten, Reden und “um die Ecke gedachte Kreuzworträtsel”, Gedichtbände “Jüngst” u. “Jüngsteres”, Weiteres in Vorbereit.

**Julia Janina Pace,** geb. 1998, von kleinauf von Literatur begeistert, studiert z.Zt. Archäologie, geht in ihrer Freizeit weiter ihrer Leidenschaft dem Schreiben nach, 3 Veröffentlichungen in Anthologien

**Alexander Patrizky** geb 1950 in Grevesmühlen, lebt in Bremen als freier Journalist und Schriftsteller, Veröffentlichung von 3 Romanen sowie Kurzprosa in verschiedenen Medien

**Brigitte Schaefer,** geb. in der Nachkriegszeit, lebt in Göttingen, als Hotelfachfrau tätig in verschiedenen Ländern, Zahlmeisterin zur See, Hobby-Schreiberin von Gedichten und Prosa, div. Veröffentlich.

**Dr. phil. Werner Seibel,** geb. 1946, wohnt in Gudensberg, freier Schriftsteller und Musiker, zahlreiche Veröffentlichungen in Anthologien, einige Lyrikbücher, Lyrikpreis Silberne Feder der IgdA

**Sieglinde Seiler,** geb. 1950 in Wolframs-Eschenbach, Dipl.-Verwaltungswirt (FH), Veröffentlichungen in verschiedenen Anthologien und 207 Gedichte im Internet unter www.feiertagsgedichte.de

**Gerda Steger**, geb. 1947 in Temeswar (Banat), Germanistik Studium, 13 Jahre Deutschlehrerin in Baumgarten, wohnt in Worms, Schreiben als Abenteuer, 2 Gedichtbände: „Lebenssteine" u. „Lichtklangkaskaden"

**Gerburg Tsekouras,** geb. 1944, lebt in Athen, Studium der Theologie, Anglistik und Germanistik, Ausbildung als Musikerin, lange Jahre im Kirchen- und Schuldienst, eigenes Sprachinstitut, Musiklehrerin

**Käthe Wetzel,** geb. 1934 in Berlin, Mitglied der Literaturgruppe in Tempelhof sowie der Treptower Schreibwerkstatt, verfasste bisher Lyrik, Kurzprosa und Märchen für div. Anthologien u. Jahrbücher

**Arno Werth,** geb. 1948 in Delmenhorst, lebt als Autor in der Nähe von Bremen, schreibt Romane, Kurzgeschichten und Lyrik, diverse Veröffentlichungen und Radiosendungen, Roman „LEMI"

**EPLA-Verlag**

Am Teich 9
27777 Ganderkesee
tel.: 04221/850143
E-Mail: EPLA.Plachetka@t-online.de
www.epla-verlag.de

Internet-Buchladen:

www.epla-verlags-buchladen.de